Neunundneunzig Übungen zum Türkischen

für den Sprachstand B2

Grammatikübungen, Vokabelübungen, Übersetzungsübungen, Textverständnis und Sprachvergleich

mit Lösungen

B2 Dil Düzeyi için

çözümlü

Doksan Dokuz Türkçe Alıştırma

gramer, söz varlığı, çeviri, metin okuyup anlama ve dilleri karşılaştırma ile ilgili alıştırmalar

Osman Nazım Kıygı, M.A.

Bibliografische Information der Deutschen Nationalbibliothek: Die Deutsche Nationalbibliothek verzeichnet diese Publikation in der Deutschen Nationalbibliografie. Detaillierte bibliografische Daten sind im Internet über dnb.dnb.de abrufbar.

TWENTYSIX – Der Self-Publishing-Verlag
Eine Kooperation zwischen der Verlagsgruppe Random House und Books on Demand

© 2020 Kiygi, Osman Nazim

Herstellung und Verlag: BoD – Books on Demand, Norderstedt

ISBN: 9783740763169

Einleitung

Mit meinem Türkisch kann ich mich im Alltag klar und detailliert ausdrücken sowie argumentieren, aber mir fehlen Worte, mit denen ich kompliziertere Gespräche führen kann.

Ich möchte mich besser ausdrücken können. Meine sprachlichen Fertigkeiten liegen gemäß dem Gemeinsamen europäischen Referenzrahmen für Sprachen zwischen B1 und B2.

Dieses Übungsbuch mit seinen neunundneunzig Übungen zum Textverständnis und Sprachvergleich sowie zur Erweiterung des türkischen Wortschatzes soll Ihnen helfen, Ihre türkischen Sprachkenntnisse weiter zu entwickeln, bis zum Sprachniveau B2. Lösungen für alle Übungen ermöglichen eine ständige Eigenkontrolle.

Giriş

Türkçemle günlük yaşamda anlaşılır bir biçimde ve ayrıntılı olarak kendimi dile getirebiliyorum, ancak daha karmaşık konularda tartışabilmek için söz dağarcığım yeterli değil. Kendimi daha iyi dile getirmek istiyorum. Dil becerilerim Avrupa Standartlarına göre B1 ile B2 arasındadır.

B2 dil düzeyine erişebilmeniz için kelime, metin anlayışı ve dil karşılaştırması üzerine doksan dokuz alıştırma, Türkçenizi geliştirip ilerletmeniz için size yardımcı olacaktır. Bütün alıştırmalar için sunulan çözümler, kendi kendinizi sürekli denetlemenizi sağlar.

Abkürzungen, die in diesem Buch verwendet werden

Bu kitapta kullanılan kısaltmalar

Alm. Almanca

Fr. Fransızca

İng. İngilizce

İsp. İspanyolca

İt. İtalyanca

Türk. Türkçe

Hinweise zur Benutzung dieses Übungsbuches

Das Übungsbuch ist einfach zu bedienen. Bei den meisten Übungen sind die Lösungsbegriffe am Ende der Übung aufgelistet. Am Beispiel der Übung 2 sehen wir in der ersten Spalte bei Nummer 2 das türkische Lehnwort "afiş". In der zweiten Spalte stehen das Ursprungswort aus dem Französischen und seine Schreibweise. Unsere Aufgabe besteht darin, das passende Wort aus den Wörtern, die unten aufgelistet sind, auszusuchen und in die dritte Spalte einzutragen. Einfacher geht es nicht, vorausgesetzt wir kennen die Wörter. Zur endgültigen Kontrolle gibt es zu jeder Übung die Lösung im Abschnitt „Lösungen".

Alıştırma 2

Batı dillerinden alıntı kelimelere Türkçe karşılık bulunuz!

1. adisyon	Fr. addition	
2. **afiş**	Fr. **affiche**	ası
3. agresif	Fr. agresif	

güncellik; saldırgan; sürdürümcü; soyutlama; etkinlik; saçma; uyarlanmış; uyarlayıcı; hesap; alan korkusu; katışmaç; cambazlık; sapınç; cambaz; soğurma; dingil; güncel; soyut; iveğen; ası

Bu Alıştırmalar Kitabının Kullanımı Hakkında Bilgiler

Bu alıştırmalar kitabının kullanımı kolaydır. Alıştırmaların bir çoğunda çözüm ile ilgili kavramlar hemen alıştırmanın sonunda dizilmiştir. 2 nolu alıştırmayı örnek aldığımızda, birinci sütunda 2 numarada "afiş" kelimesini görüyoruz. İkinci sütunda ise bu kelimenin aslen Fransızca'dan alındığı ve bu dildeki yazılışı bulunmaktadır. Bize düşen ödev, alıştırmanın altında sıralanmış kelimelerin arasından uyan kelimeyi bularak üçüncü sütuna kaydetmektir. Kesin ve son bir kontrol için kitabın sonunda "Çözümler" bölümünde her alıştırmanın çözümü bulunur.

Alıştırma 2

Batı dillerinden alıntı kelimelere Türkçe karşılık bulunuz!

1. adisyon	Fr. addition	
2. **afiş**	Fr. **affiche**	ası
3. agresif	Fr. agresif	

güncellik; saldırgan; sürdürümcü; soyutlama; etkinlik; saçma; uyarlanmış; uyarlayıcı; hesap; alan korkusu; katışmaç; cambazlık; sapınç; cambaz; soğurma; dingil; güncel; soyut; iveğen; ası

Alıştırma 1

Aşağıdaki kelimelerin eş anlamlı karşılığını bulduktan sonra Almancasını yazın!

	Eş anlamı	Almancası
1. sene	yıl	das Jahr
2. elbise		
3. isim		
4. imtihan		
5. rüya		
6. enteresan		
7. şehir		
8. mesela		
9. siyah		
10. beyaz		
11. sonbahar		
12. hâl		
13. müsaade		
14. nehir		
15. kıymet		
16. kâfi		
17. lûgat		
18. vakit		
19. hüviyet		
20. hürriyet		
21. hafıza		
22. vasıta		
23. asır		
24. tenzilat		
25. hisse		
26. şahıs		
27. aktualite		

Alıştırma 2

Batı dillerinden alıntı kelimelere Türkçe karşılık bulunuz!

aberasyon	Fr. aberration	
abone	Fr. abonné	
absorbe	Fr. absorbé	
abstraksiyon	Fr. abstraction	
abstre	Fr. abstrait	
absürt	Fr. absurde	
adapte	Fr. adapté	
adaptör	Fr. adapteur	
adisyon	Fr. addition	
afiş	Fr. affiche	
agorafobi	Fr. agoraphobie	
agrega	Fr. agrégat	
agresif	Fr. agresif	
akrobasi	Fr. acrobatie	
akrobat	Fr. acrobate	
aks	Fr. axe	
aktivite	Fr. activité	
aktualite	Fr. actualité	
aktüel	Fr. actuel	
akut	Alm. akut	

güncellik; saldırgan; sürdürümcü; soyutlama; etkinlik; saçma; uyarlanmış; uyarlayıcı; hesap; alan korkusu; katışmaç; cambazlık; sapınç; cambaz; soğurma; dingil; güncel; soyut; iveğen; ası

Alıştırma 3

Bu, Almanca'da ne demek? Wie heißt das auf Deutsch?

Türkçesi	Almancası
1. fren	
2. diskli fren	
3. el freni	
4. fren balatası	
5. fren pedalı	
6. fren izi	
7. fren mesafesi	
8. fren ışığı	
9. ayak freni	
10. tampon	
11. vites kolu	
12. arka koltuk	
13. sis farı	
14. debriyaj	
15. depo	
16. fren yağı	
17. fren hortumu	
18. sinyal lambası	
19. benzin göstergesi	
20. çamurluk	
21. stepne	
22. silecek	
23. torpido gözü	

die Handbremse; das Bremspedal; die Scheibenbremse; das Handschuhfach; der Auspuff; der Wischer; der Gang; der Rücksitz; der Schaltknüppel; das Ersatzrad; die Bremse; die Kupplung; der Scheinwerfer; der Tank; der Nebelscheinwerfer; die Bremsspur; der Bremsweg; der Bremsschlauch; die Stoßstange; die Felge; das Bremslicht; der Blinker; die Fußbremse; das Gaspedal; die Tankuhr; der Kotflügel; das Lenkrad; der Schalldämpfer; der Bremsklotz; die Bremsflüssigkeit

Alıştırma 4

Batı dillerinden alıntı kelimelere Türkçe karşılık bulunuz!

ajanda	Fr. agenda	
ajitasyon	Fr. agitation	
ajitatör	Fr. agitateur	
akreditif	Fr. accréditif	
akvarist	Fr. aquariste	
alakart	Fr. à la carte	
akronim	İng. acronym	
almanak	Fr. almanach	
alpinist	Fr. alpiniste	
alternatif	Fr. alternatif	
amblem	Fr. emblème	
ambulans	Fr. ambulance	
amor	Fr. amour	
ampermetre	Fr. ampèremètre	
ampirik	Fr. empirique	
amplifikatör	Fr. amplificateur	
analist	Fr. analyste	
analitik	Fr. analytique	
analiz	Fr. analyse	
anarşi	Fr. anarchie	

kışkırtma; güven yazısı; cankurtaran; akımölçer; akvaryumcu; seçmeli yemek; yıllık; dağcı; belirtke; kısma ad; aşk; andaç; seçenek; deneysel; yükselteç; çözümleyici; çözümlemeli; çözümleme; kargaşa; kışkırtıcı

Alıştırma 5

Aşağıdaki hangi cümlelerde kullanılması gerektiği hâlde kesme işareti kullanılmamıştır? Bu cümleleri bulup düzeltin!
Bei welchen der unten stehenden Sätze fehlt der Apostroph? Finden Sie die Sätze und korregieren Sie sie!

1. Bağdat, Irakın başkentidir.
2. Türkiyenin müzeleri genellikle Pazartesi günleri kapalıdır.
3. Hasanın gaz pedalının vidası gevşemiş.
4. Cumhuriyet Bayramından bir gün önce teyzemlere gittik.
5. Vantilatörün kayışı kopmuş.
6. Kötü hava yüzünden Atatürk Havalimanından uçak kalkmıyor.
7. Ağrısı bir türlü geçmiyor.
8. Ağrıda bir gece kaldı.
9. Kadıköyde oturuyor.
10. Köyde oturuyor.
11. Bavyeranın okul tatili bitti.
12. Atatürk Bulvarında beş yıldızlı oteller var.
13. Jalenin beş çocuğu var.
14. Rasimin annesi Alanyadan Almanyaya dönerken gözlüğünü kaybetti.
15. Türkmenler Türkmence konuşur.
16. Venedikin gondolları meşhurdur.
17. Pariste müzeleri gezdikten sonra Eyfel Kulesine çıktık.
18. Yabancı bir şehirde geceyi geçirmek için otele gidilir.
19. Geceyi geçirmek için Hiltona gittiler.
20. Mum ışığında akşam yemeği yediler.

Alıştırma 6

Batı dillerinden alıntı kelimelere Türkçe karşılık bulunuz!

anarşik	Fr. anarchique	
anarşist	Fr. anarchiste	
anekdot	Fr. anecdote	
animasyon	Fr. animation	
animatör	Fr. animateur	
anketör	Fr. enquêteur	
anonsör	Fr. annonceur	
anot	Fr. anode	
antipati	Fr. antipathie	
antipatik	Fr. antipathique	
antre	Fr. entrée	
antreman	Fr. entraînement	
antrenör	Fr. entaîneur	
aperitif	Fr. apéritif	
apolet	Fr. épaulette	
apostrof	Fr. apostrophe	
arkeolog	Fr. archéologue	
arkeoloji	Fr. archéologie	
arkeolojik	Fr. archéologique	
aroma	İt. aroma	

hikâyecik; canlandırıcı; anketçi; sunucu; kazı bilimci; kargaşalı; alıştırma; artı uç; sevimsiz/soğuk; sevimsizlik/ soğukluk; kazı bilimsel; giriş; kargaşacı; çalıştırıcı; ön içki; omuzluk; canlandırma; kesme işareti; kazı bilimi; hoş koku

Alıştırma 7

Otomobille ilgili kavramlar

Bu, Almanca'da ne demek? Wie heißt das auf Deutsch?

Türkçesi	Almancası
1. beygir gücü	
2. diskli fren	
3. tamburlu fren	
4. kontak anahtarı	
5. vantilatör kayışı	
6. korna	
7. jant	
8. fren ışığı	
9. egzoz	
10. silecek	
11. susturucu	
12. marş motoru	
13. buji	
14. bobin	
15. dişli çark	
16. havalı direksiyon	
17. havalı süspansiyon	
18. amortisör	
19. yakın huzmeli far	
20. panel	

Alıştırma 8

Meyve türleri – Obstarten

Bu, Almanca'da ne demek? Wie heißt das auf Deutsch?

Türkçesi	Almancası
1. vişne	
2. ahududu	
3. muz	
4. hurma	
5. kızılcık	
6. böğürtlen	
7. incir	
8. dut	
9. elma	
10. armut	
11. Hint cevizi	
12. üzüm	
13. mandalina	
14. portakal	
15. ayva	
16. kayısı	
17. şeftali	
18. erik	
19. karpuz	
20. kavun	
21. çilek	
22. nar	

Alıştırma 9

Ne dersiniz? Was sagen Sie?

Ölen bir kişinin akrabasını gördüğünüzde	
Sabahleyin kalktığınızda eşinize	
Yeni tanıştığınız bir kimseye	
Telefona cevap verdiğinizde	
Hastalanan veya kaza geçiren kimseye	
Hoş geldiniz'e cevap olarak	
Bir kimseden ayrılırken	
Bir yıldönümünün defalarca tekrarlanmasını dilemek için	
Arkadaşınız hapşırdığında	
Bir köpeği kovmak için	
Tatile gidenleri uğurlamak için	
Yaşanılan yıl bitip yeni yıla girildiğinde	
Akşamleyin uğurlamak için	
Uyumak için ayrılan bir kimseye	
Yemek yiyen bir kimseye	
Teşekkür ederim'e cevap olarak	
Bir kediyi çağırmak için	
Sevinçli bir olaydan dolayı bir kimseyi kutlamak için	

Pisi pisi!; Günaydın, canım.; İyi akşamlar!; Memnun oldum.; Alo!; Geçmiş olsun!; Hoşça kalın! veya Görüşmek üzere!; Allah nice nice yıllara eriştirsin!; Başınız sağ olsun!; Hoşt!; Çok yaşa!; İyi tatiller!; Yeni Yılınız kutlu olsun!; Allah rahatlık versin!; Hoş bulduk!; Afiyet olsun!; Birşey değil! veya Rica ederim!; Gözün aydın!

Alıştırma 10

Sebze türleri – Gemüsearten

Bu, Türkçe'de ne demek? Wie heißt das auf Türkisch?

Almancası	Türkçesi
1. Spinat	
2. Bohnen	
3. Erbsen	
4. Spargel	
5. Rote Beete	
6. Möhren	
7. Kohl	
8. Porree	
9. Tomaten	
10. Paprika	
11. Artischocken	
12. Blumenkohl	
13. Kürbis	
14. Radieschen	
15. Auberginen	
16. Zwiebeln	
17. Dicke Bohnen	
18. Mais	
19. Bohnen	
20. Linsen	
21. Kartoffeln	
22. Okra	
23. Petersilie	

Alıştırma 11

Bu, neyi tanımlıyor?

1. Bir bitkinin, üreme organlarını taşıyan çoğu güzel kokulu, renkli bölümü : ....

2. Yünün dövülmesiyle yapılan kalın ve kaba kumaş : ....

3. Işığı bir yere toplamak, doğrudan doğruya gözlere vurmasını önlemek için kullanılan, kâğıt, kumaş, maden veya renkli camdan yapılmış lamba siperi : ....

4. Bir şeyi, bir olayı olduğundan büyük veya çok gösterme, mübalağa : ....

5. Bir kimsenin kendisinden büyük olan kız kardeşi : ....

6. Bir şeyi sürekli olarak kullanmak için hizmeti verenle sözleşme yapan kimse : ....

7. Avustralya yerlisi : ....

8. Sihirbazların sıkça kullandığı büyü sözü : ....

9. Yararı gözetilmeksizin rastgele yenilen şeyler : ....

10. Bazı maddelerin dilde bıraktığı yakıcı duyu, tatlı karşıtı : ....

11. Yemek yeme gereksinimi duymak : ....

12. Başka bir kimsenin veya canlının mutsuzluğuna karşı duyulan üzüntü, merhamet : ....

13. Sağlık kuruluşlarında acilen bakılması gereken hastaların ilk bakımlarının yapıldığı yer : ....

14. Birbirini kesen iki yüzey veya ayni noktadan çıkan iki yarım doğrunun oluşturduğu geometrik biçim: ....

15. Bir görevliyi geçici bir süre için işten uzaklaştırmak : ....

abrakadabra; acıma; abartı; abone; Aborjin; abur cubur; aba; acı; acıkmak; abla; acil servis; açı; abajur; açığa almak; çiçek

Alıştırma 12

Aşağıdaki sıfatları pekiştirin! Pekiştirdikten sonra Almanca'daki karşılıklarını bulun!

1. canlı	capcanlı	quicklebendig
2. açık	apaçık	eindeutig; glasklar
3. başka		
4. bedava		
5. beyaz		
6. belli		
7. bok		
8. boş		
9. buruşuk		
10. bütün		
11. cavlak		
12. çabuk		
13. dar		
14. dik		
15. diri		
16. doğru		
17. dolu		
18. durgun		
19. düz		
20. genç		
21. güzel		
22. ince		
23. kara		
24. katı		

Alıştırma 13

Aşağıdaki sıfatları pekiştirin! Pekiştirdikten sonra Almanca'daki karşılıklarını bulun!

1. kırmızı		
2. koca		
3. kuru		
4. mavi		
5. mor		
6. pembe		
7. sağlam		
8. sıcak		
9. sıska		
10. sivri		
11. siyah		
12. soğuk		
13. şirin		
14. taze		
15. tamam		
16. temiz		
17. ucuz		
18. uzun		
19. yaş		
20. yalnız		
21. yeşil		
22. yeni		
23. yuvarlak		
24. gündüz		

Alıştırma 14

Bu, neyi tanımlıyor?

1. Düşündüğünü olduğu gibi söyleyen, içi temiz, gizli yönü olmayan kimse : ....
2. Bir malın satışında alıcılar arasında fiyat artırma yarışına dayanan satış biçimi, müzayede : ....
3. Yiyecek ve içeceklerin serbestçe alındığı servis düzeni : ....
4. Üzerine para miktarı yazılmamış çek : ....
5. Kadın giyiminin kolları, göğsü ve sırtı açıkta bırakılan biçimi, dekolte : ....
6. Bahçe, park gibi yapı dışı olan yer veya bulutsuz hava : ....
7. Üzeri boş bırakılan bir kâğıdın altına, doldurulacak olana güvenilerek atılan imza : ....
8. Kahverenginin bir veya birkaç ton açığı : ....
9. Yabancı malları bir ülkeye serbestçe sokma politikası : ....
10. Bir konuyla ilgili bilgileri vermek, izah etmek : ....
11. Gemilerin idari açıdan kolayca girip çıktıkları liman : ....
12. Mavinin bir veya birkaç ton açığı : ....

13. Fiyatların tamamen arz ve talebe göre belirlendiği piyasa : ....
14. Yüz kızartıcı, edepsiz, müstehcen, cinsel çağrışım yüklü: ....
15. Çok belirgin : ....

açık artırma; açık çek; açık giyim; açık imza; açık büfe; açıklamak; açık mavi; açık piyasa; açık saçık; açık yürekli; açık seçik; açık kapı politikası; açık kahverengi; açık liman; açık hava

Alıştırma 15

Bu, neyi tanımlıyor?

1. Sarının bir veya birkaç ton açığı : ....
2. Seçilmiş bir konuşmacı grubu tarafından güncel, siyasal, sosyal ve bilimsel konuların veya sorunların herkesin izleyebileceği bir biçimde açık olarak tartışıldığı toplantı, panel : ....
3. Dersleri radyo, televizyon vb. araçlarla yayımlanan veya posta ile ilgililere ulaştırılan eğitim : ....
4. Her şeyi olduğu gibi söyleyen, sözünü esirgemeyen : ....
5. Kapanmamış yara : ....
6. Yeşilin bir veya birkaç ton açığı : ....
7. Herhangi bir kurum, kuruluş, mağaza vb.nin açılması sırasında yapılan konuşma : ....
8. Bir sorunu veya konuyu ele alıp en ince noktasına kadar gözden geçirerek anlatmak, şerh etmek, teşrih etmek, Almancası: erläutern, kommentieren : ....
9. Bir açıyı, ölçüleri birbirine eşit olan iki açısal bölgeye ayıran doğru parçası, Almancası: die Winkelhalbierende: ....
10. Aç olma durumu : ....
11. Kendisine veye başkalarına yapılan haksızlığı protesto için bir kimsenin aç durarak gösterdiği tepki : ....

12. Bir şeyi kapalı durumdan açık duruma getirmek :
   ....
13. Kiri çıkarmak veya eşyayı iyice temizlemek için kullanılan her türlü madde, Almancası: das Bleichmittel : ....
14. Deniz veya göl suları ile çevrilmiş küçük kara parçası:
   ....
15. Görgü kuralları, Almancası: die Anstandsregeln :
   ....

açık oturum; açık sözlü; açık sarı; açık yara; açılış konuşması; açımlamak; açıortay; açlık; açlık grevi; açmak; açmalık; açık öğretim; ada; adabımuaşeret; açık yeşil

Alıştırma 16

Bu, Almanca'da ne demek? Wie heißt das auf Deutsch?

Türkçesi	Almancası
1. açık liman	
2. açık öğrenim	
3. açık yara	
4. açık imza	
5. açılış konuşması	
6. açıklama	
7. açlık grevi	
8. açı	
9. açık seçik	
10. acı biber	
11. acı çikolata	
12. acı haber	
13. apaçık	
14. adalet	
15. adalet sarayı	
16. adabımuaşeret	
17. akrabalık derecesi	
18. akbaba	
19. Akdeniz	
20. ahududu	

das Mittelmeer; der Justizpalast; die Anstandsregeln; das Fernstudium; die Blankounterschrift; die Erklärung; die offene Wunde; der Hungerstreik; offensichtlich; der Winkel; der Geier; die Peperoni; traurige Nachricht; die Bitterschokolade; eindeutig/glasklar; der Freihafen; die Eröffnungsrede; die Gerechtigkeit; der Verwandschaftsgrad; die Himbeere

Alıştırma 17

Aşağıdaki cümlelerde büyük harfle yazılması gerektiği hâlde bazı kelimeler küçük harfle yazılmış ve kesme işaretleri unutulmuştur. Bu kelimeleri bulup düzeltin!

1. Bağdat, ırakın başkentidir.
2. Genellikle türkiyenin müzeleri pazartesi günleri kapalıdır.
3. Otelde almandan çok rus vardı.
4. Bir gün sonra cumhuriyet bayramı var.
5. Bugün hasanlara davetliyiz.
6. Kötü hava yüzünden atatürk havalimanından uçak kalkmıyor.
7. Ağrısı bir türlü geçmediği için gelibolu devlet hastanesine havale edildi.
8. Ağrısı bir türlü geçmediği için geliboluda devlet hastanesine havale edildi.
9. Otobüse binmemek için eminönünden fatihe yürüyerek gitti.
10. Dikili taş köyünde oturuyor.
11. Bu yıl kuzey ren vestfalyada okul tatili erken başlıyor.
12. Atatürk bulvarında beş yıldızlı oteller var.
13. Beş çocuk da jalenin.
14. Rasimin annesi alanyadan almanyaya dönerken gözlüğünü kaybetti.
15. Türkmenler türkmence konuşur, özbekler ise özbekçe.
16. Tüneldeki otelimizden çıkarak beyoğlundan taksime kadar yürüdük.
17. Pariste müzeleri gezdikten sonra eyfel kulesine çıktık.
18. Bir gece ağrıda ucuz bir otelde kaldı.
19. Geceyi geçirmek için hiltona gittiler.
20. Mum ışığında bafa gölünün kıyısında bir lokantada akşam yemeği yediler.

Alıştırma 18

Batı dillerinden alıntı kelimelere Türkçe karşılık bulunuz!

aromatik	Fr. aromatique	
arşiv	Fr. archives	
arter	Fr. artère	
asidimetre	Fr. acidimètre	
asimetri	Fr. asymétrie	
asistan	Fr. assistant	
astrofizik	Fr. astrophysique	
astrolog	Fr. astrologue	
astroloji	Fr. astrologie	
astronom	Fr. astronome	
astronomi	Fr. astronomie	
astronomik	Fr. astronomique	
astronot	Fr. astronaute	
ateist	Fr. athéiste	
ateizm	Fr. athéisme	
atölye	Fr. atelier	
avangart	Fr. avant-garde	
avans	Fr. avance	
avantaj	Fr. avantage	
avantür	Fr. aventure	

öndelik; belgelik; gök bilimsel; atardamar; bakışımsızlık; tanrıtanımaz; yıldız fiziği; hoş kokulu; yıldız falcısı; gök bilimci; yıldız falcılığı; gök bilimi; yardımcı; uzay adamı; tanrıtanımazlık; işlik; öncü; üstünlük/yarar; asitölçer; macera

Alıştırma 19

Aşağıdaki metni okuduktan sonra soruları yanıtlayın!

Arzu çocukluğundan beri gök gürültüsünden çok korkardı, hemen babasına koşar, başını onun göğüsüne bastırırdı. Babası korkmamasını söyler; fakat onu bu korkudan vazgeçiremezdi. Büyümüş bir iş kadını olmuştu. Ne zaman gök gürlese korkudan büzülür, tir tir titrerdi.
    Bir gün iş dönüşü apartmanın kapısından tam girmişti ki, şiddetli bir gök gürültüsüyle paniğe kapıldı.
    Kapının sağ tarafındaki dairede Umut adında genç bir delikanlı oturuyordu. Tam o sırada o da çöpleri dışarı koymak için kapıdan çıktığı bir sırada Arzu çocukluğunda olduğu gibi onun boynuna atılmış ve çok korktuğunu söylemişti. Arzu'nun yüzünün bembeyaz olduğunu gören Umut onu hemen içeri aldı. Umut'un dairesinin tam karşısında Raziye Hanım oturuyordu. Yalnız başına oturan bu kadın herkezi gözetlemekten çok hoşlanırdı. Bir pencereye koşar, bir kapıya koşar, gelen gideni gözetler, sonunda dedikodu yapardı.
    Raziye Hanım, Arzu'nun Umut'un evine onun kollarında girdiğini görünce hemen usulcacık evinden çıktı . Kulağını dayayıp Umut'un kapısını dinlerken Umut da çöpe bir şey atmak için kapıyı açınca göz göze geldiler. Raziye Hanım hemen toparlanarak başının ağrıdığını, kolonya istemek için geldiğini söyledi. Umut içerden kolonyayı getirip verdi; fakat içine bir kurt düşmüştü. Tekrar kapıyı açtı. Raziye Hanım hâlâ kapıda idi. „Kolonyayı getirdim" dedi. Umut kolonyayı aldı ve kadının evine girmesini bekledi.

Doğru mu yanlış mı?

1. Arzu çocukluğundan beri gök gürültüsünden çok korkar   doğru ☐   yanlış ☐
2. Raziye Hanım, Arzu'nun teyzesidir.
   doğru ☐   yanlış ☐
3. Raziye Hanım'la Umut aynı katta oturuyor.
   doğru ☐   yanlış ☐
4. Kolonya baş ağrısına karşı iyi gelir.
   doğru ☐   yanlış ☐
5. Raziye Hanım dedikodu yapmasını sever.
   doğru ☐   yanlış ☐
6. Raziye Hanım zemin katta oturuyor.
   doğru ☐   yanlış ☐
7. Raziye Hanım'ın baş ağrısı bahane.
   doğru ☐   yanlış ☐
8. Arzu'nun gök gürültüsünden korkması bahane.
   doğru ☐   yanlış ☐
9. Arzu meslek sahibi bir kadın.
   doğru ☐   yanlış ☐
10. Arzu'nun yüzünün bembeyaz olması çok korktuğu içindir.   doğru ☐   yanlış ☐

Alıştırma 20

Batı dillerinden alıntı kelimelere Türkçe karşılık bulunuz!

badminton	İng. badminton	
averaj	Fr. average	
banknot	İng. bank note	
banliyö	Fr. banlieue	
bariyer	Fr. barrière	
barkod	Fr. barcode	
barometre	Fr. baromètre	
basketbol	İng. basketball	
baypas	İng. by-pass	
baz	Fr. base	
bek	İng. back	
benchmarking	İng. benchmarking	
bestseller	İng. bestseller	
bibliyofil	Fr. bibliophile	
bibliografi	Fr. bibliographie	
bibliyoman	Fr. bibliomane	
bibliyomani	Fr. bibliomanie	
bibliyotek	Fr. bibliothèque	
bienal	Fr. biennal	
bigudi	Fr. bigoudi	

kitap düşkünü; köprüleme; ortalama; engel; çizgi im; sepet topu; kitapsever; temel; savunma oyuncusu; bilgileşim; tüytop; çoksatar; kâğıt para; kaynakça; kitap düşkünlüğü; kitaplık/kütüphane; yılaşırı; basınçölçer; yörekent; sarmaç

Alıştırma 21

Aşağıdaki metni okuduktan sonra soruları yanıtlayın!

Umut kapıyı kapatıp Arzu'nun yanına döndüğü bir sırada yine şiddetli bir gök gürledi. Arzu yine Umut'un göğüsüne başını dayayıp dakikalarca öylece durdu. Bu hal Umut'un çok hoşuna gitmişti. Kendi kendine, "Keşke gök sabaha kadar gürlese" diyordu. Arzu'yu bırakmamış yemeğe alıkoymuştu. Beraberce yemek yediler. Nihayet yağmur dinmişti. Arzu kimseye görünmeden usulca evine gitti. Ertesi günü Umut otomobiline binip işine gitmek için evinden çıktı. Biraz sonra Arzu da çıktı. Raziye Hanım camda idi. Arzu köşeyi dönünce Umut'un kendisini beklediğini gördü. Umut, Raziye Hanım'dan çekindiği için Arzu'yla beraber çıkmamıştı. Arzu artık işe Umut'la beraber gidiyordu. Eve dönerken Umut onun iş yerine uğruyor ve Arzu ile beraber eve dönüyorlardı. Arzu'yu köşe başında indiriyor ve eve yalnız olarak gidiyordu.

Doğru mu yanlış mı?

1. Arzu geceyi Umut'la beraber geçirdi.
   doğru ☐   yanlış ☐
2. Yağmur dindikten sonra Arzu evine gitti.
   doğru ☐   yanlış ☐
3. Bu geceden sonra Arzu ile Umut arasında bir aşk başladı. doğru ☐   yanlış ☐
4. Umut ile Arzu aynı yerde çalışıyor.
   doğru ☐   yanlış ☐
5. Raziye Hanım çok meraklı.
   doğru ☐   yanlış ☐

6. Arzu Raziye Hanım'ın dedikodusundan korkmuyor.
   doğru ☐   yanlış ☐
7. Arzu gök gürlemesinden yemek yiyemedi.
   doğru ☐   yanlış ☐
8. Eve dönüşte Umut Arzu'nun iş yerine uğrayarak onunla beraber eve dönüyor.
   doğru ☐   yanlış ☐
9. Raziye Hanım'ın ağzına düşmemek için Umut Arzu'yu köşe başında indiriyor.   doğru ☐   yanlış ☐
10. Arzu'nun otomobili var.   doğru ☐   yanlış ☐

Alıştırma 22

Batı dillerinden alıntı kelimelere Türkçe karşılık bulunuz!

bilanço	İt. bilancio	
billboard	İng. billboard	
bilyon	Fr. billion	
biyogaz	Fr. biogaz	
biyografi	Fr. biographie	
aysberg	İng. iceberg	
bibliografi	Fr. bibliographie	
asimetri	Fr. asymétrie	
blöf	Fr. bluff	
boarding card	İng. boarding card	
bodyguard	İng. bodyguard	
boks	Fr. boxe	
boksör	Fr. boxeur	
botanik	Fr. botanique	
branş	Fr. branche	
brifing	İng. briefing	
broker	İng. broker	
burjuva	Fr. bourgeois	
burjuvazi	Fr. bourgeoisie	
call center	İng. call center	

yumruk oyuncusu; dengelem; kent soyluluk; kaynakça; duyurumluk; milyar; gübre gazı; öz geçmiş; kurusıkı; uçuş kartı; koruma; yumruk oyunu; bakışımsızlık; bitki bilimi; kol/dal; bilgilendirme; borsa simsarı; kent soylu; çağrı merkezi; buz dağı

Alıştırma 23

Aşağıdaki metni okuduktan sonra soruları yanıtlayın!

Arzu Umut'la olan her şeyi arkadaşı Nilgün'e anlatmıştı. Nilgün bir aylık iznini almış, Antalya'da oturan annesinin yanına gitmeye hazırlanıyordu. Evinin anahtarını Arzu'ya vermişti. Arzu o gelene kadar onun evinde kalacaktı. Arzu bavulunu toplayıp giderken Raziye Hanım yolunu keserek nereye gideceğini sormuştu. Arzu bir aylık yazlık iznini kullanmak için tatile çıkacağını söylemişti. Raziye Hanım Umut'la gideceğinden şüphelenmişti. Ama Umut her sabah kendi evinden çıkıp işine gidiyordu.

Nilgün'ün evinde Arzu, Umut'la beraber çok güzel vakit geçiriyordu. Bazı geceler Umut evine gitmiyordu. Arzu ile Umut aynı yatağı paylaşıyorlardı. Günler çok çabuk geçti. Nilgün'ün eve dönme vakti yaklaşmıştı.

Doğru mu yanlış mı?
1. Arzu ile Nilgün çok yakın arkadaşlar.
   doğru ☐   yanlış ☐
2. Nilgün'ün annnesi Antalya'da yaşıyor.
   doğru ☐   yanlış ☐
3. Arzu ile Umut bir aşk hayatı yaşıyorlar.
   doğru ☐   yanlış ☐
4. Arzu bir aylık iznini Antalya'da geçiriyor.
   doğru ☐   yanlış ☐
5. Raziye Hanım Arzu ile Umut'u bir arada görüyor.
   doğru ☐   yanlış ☐
6. Umut her gece Nilgün'ün evinde kalıyor.
   doğru ☐   yanlış ☐
7. Günler çok çabuk geçiyor. doğru ☐   yanlış ☐

Alıştırma 24

Batı dillerinden alıntı kelimelere Türkçe karşılık bulunuz!

cash card	İng. cash card	nakit kartı
casting	İng. casting	
catering	İng. catering	
center	İng. center	
chat	İng. chat	
check-in	İng. check-in	
check-out	İng. check-out	
çaçaron	İt. chiacchierone	
çekap	İng. check-up	
çip	İng. chip	
dansimetre	Fr. densimètre	
data	İng. data	
datif	Fr. datif	
deadline	İng. deadline	
dedektör	Fr. détecteur	
defans	Fr. défense	
deflasyon	Fr. déflation	
defroster	İng. defroster	
dejenerasyon	Fr. dégénération	
dejenere	Fr. dégénéré	

yoz/soysuz ; oyuncu kadrosu; süre sonu; yemek hizmeti; sanal sohbet; yozlaşma/soysuzlaşma; giriş işlemi; geveze; tam bakım; yonga; yoğunlukölçer; veri; yönelme durumu; algılayıcı; savunma; para kısıtlaması; buzçözer; çıkış işlemi; merkez

Alıştırma 25

Aşağıdaki metni okuduktan sonra soruları yanıtlayın!

Umut bir karara vardı. Arzu'ya evlenme teklif edecek sonra onu ailesiyle tanıştırmak üzere İzmir'e götürecekti. Nişan yüzüğünü almış ve Arzu'yu yemeğe götürmek üzere eve geldi. Arzu çok heyecanlıydı. Umut ona o gece için "Çok özel bir gece olacak" demişti. Tam evden çıkacakları sırada Umut'un telefonu çaldı. Telefonu açan Umut'un yüzü bembeyaz oldu. Babasının çok hasta olduğu haberini almıştı. Arzu'dan özür dileyerek İzmir'e gitmek üzere yola çıktı.

Umut babasını çok severdi. Babası onunla arkadaş gibiydi. Onunla oyun oynar hatta maçlara beraber giderlerdi. Annesi ona çocukken „Beni mi yoksa babanı mı çok seviyorsun" diye sorduğu zaman "ikinizi de seviyorum, ama" der, susardı.

Doğru mu yanlış mı?
1. Umut, Arzu ile evlenmeye karar verdi.
   doğru ☐ yanlış ☐
2. Umut, Arzu'nun evlenme teklifini reddetmesinden korkuyor.   doğru ☐ yanlış ☐
3. Arzu'nun hiç bir şeyden haberi yok.
   doğru ☐ yanlış ☐
4. Umut'un ailesi İzmir'de yaşıyor.   doğru ☐ yanlış ☐
5. Umut'un babası futbola meraklı.
   doğru ☐ yanlış ☐
6. Babası onunla arkadaş gibi olduğu için Umut onu çok severdi.   doğru ☐ yanlış ☐
7. Umut, Arzu'yla evlenmekten vazgeçti.
   doğru ☐ yanlış ☐

Alıştırma 26

Batı dillerinden alıntı kelimelere Türkçe karşılık bulunuz!

dekadans	Fr. décadence	
deklarasyon	Fr. déclaration	
dekolte	Fr. décolleté	
dekont	Fr. décompte	
demagog	Fr. démagogue	
demagoji	Fr. démagogie	
demo	İng. demo	
demograf	Fr. démographe	
demografi	Fr. démographie	
demografik	Fr. démographique	
demonstrasyon	Fr. démonstration	
demoralizasyon	Fr. démoralisation	
demoralize	Fr. démoralise	
depar	Fr. départ	
departman	Fr. département	
depozit	İt. deposito	
depozito	İt. deposito	
depresyon	Fr. dépression	
dermatolog	Fr. dermatologue	
dermatoloji	Fr. dermatologie	

cildiyeci; mal bildirimi; hesap özeti; laf cambazı; nüfus bilimci; morali bozulmuş; bölüm; bunalım; cildiye; çöküş; laf cambazlığı; moral çöküntüsü; nüfus bilimsel; güvence akçesi; nüfus bilimi; gösteri; çıkış; açık giyim

Alıştırma 27

Aşağıdaki metni okuduktan sonra soruları yanıtlayın!

Umut İzmir'e varır varmaz Arzu'ya telefon edip vardığını bildirmiş, babasının durumundan bahsetmişti. Babası felç geçirmiş biraz zorlukla konuşuyordu. Ölmeden evvel en büyük arzusu Umut'u evlendirmekti. Umut da bir fırsatını bulup Arzu'dan onlara bahsedecekti. Babası ise, onu kendisine kardeşi kadar yakın olan bir arkadaşının kızı ile evlendirmek istiyordu. Umut doğduğu zaman, bu arkadaşının da bir kızı olmuş ve beşik kertmesi yapmışlardı. Bunu duyan Umut'un başından sanki kaynar sular dökülmüştü. O kızı hiç görmemişti. Nasıl evlenebilirdi?
    Ölüm döşeğinde yatan babasının bu isteğini geri çeviremedi. Babasının uyuması üzerine dışarı çıkıp dolaşmaya başladı. Epey dolaşarak bir deniz kenarına gelmişti. Orada bir kız hiç kıpırdamadan duruyordu. Hıçkıra hıçkıra ağlayan kızın yanına yaklaştı. „Sakın ha bir delilik yapma!" diye bağırdı. Kız yaşlı gözlerle dönerek ona baktı. Çok güzel gözleri olan kıza çok acıdı.
    Kızın adı Nergis'ti. Nergis hayat hikâyesini Umut'a anlatmaya başladı. Onu dinleyecek, içini dökecek birini bulduğu için huzur bulmuştu.

Doğru mu yanlış mı?

1. Umut'un babası yakında ölecek.
   doğru ☐   yanlış ☐
2. Umut, babasına Arzu ile evleneceğini söyledi.
   doğru ☐   yanlış ☐

3. Umut'un babası ile babasının yakın bir arkadaşı çocuklarını evlendirmek için anlaşmışlar.
doğru ☐ yanlış ☐
4. Umut babasının kendisine evlenmek için öngördüğü kızı hiç görmemişti. doğru ☐ yanlış ☐
5. Umut Nergis'i deniz kenarında gördü.
doğru ☐ yanlış ☐
6. Umut Nergis'in mehtapta yüzeceğini sanmıştı.
doğru ☐ yanlış ☐
7. Umut Nergis'in intihar edeceğini sanmıştı.
doğru ☐ yanlış ☐
8. Nergis çok üzgündü. doğru ☐ yanlış ☐

Alıştırma 28

Batı dillerinden alıntı kelimelere Türkçe karşılık bulunuz!

designer	İng. designer	
diyalekt	Fr. dialecte	
deşarj	Fr. décharge	
detay	Fr. détail	
deterjan	Fr. détergent	
determinasyon	Fr. détermination	
devalüasyon	Fr. dévaluation	
dezenformasyon	Fr. désinformation	
didaktik	Fr. didactique	
difraksiyon	Fr. diffraction	
dizayn	İng. design	
dijital	Fr. digital	
dikte	Fr. dictée	
dinamo	Fr. dynamo	
dipfriz	İng. deep-freeze	
direktif	Fr. directive	
direktör	Fr. directeur	
diskalifiye	Fr. disqualifié	
distribütör	Fr. distributeur	
diyabet	Fr. diabète	

derin dondurucu; lehçe; tasarımcı; ayrıntı; tasarım; belirlenim; bilgi çarpıtma; öğretici; kırınım; sayısal; yazdırım; üreteç; yönetmen; dağıtıcı; yarış dışı bırakılmış; şeker hastalığı; değer düşürümü; arıtıcı ;yönerge; boşalma

Alıştırma 29

Aşağıdaki metni okuduktan sonra soruları yanıtlayın!

Nergis liseyi bitirdikten sonra okutmamışlar, onu evliliğe hazırlamak için dikiş makinesinin başına oturtmuşlar, çeyiz hazırlamasını istemişlerdi. O da öyle yapıyor, günlerinin nasıl geçtiğini bilmiyordu. Evlerinde bir de kendi kızları gibi yetiştirdikleri Ayşe adında bir kızları daha vardı. „Hele bir Nergis'i evlendirelim, seni de başgöz ederiz" diyorlardı.

Bir gün Nergis ile Ayşe balkonda otururlarken evin önünde siyah bir araba durdu. Başı kabak, şişman, orta boylu, yaşlıca bir erkek evlerine geldi. Babası da dışarı çıkmak üzere iken, kapıda karşılaştılar, babası onu içeri aldı. Ayşe „İşte bu senin evleneceğin adam" demişti. Nergis onu hiç beğenmemişti. Halbuki o kişi babasına teslim edilmek üzere bir evrak getirmişti. Ayşe onların konuşmalarını dinlemek için aşağı indi. Babası Nergis'i evlendireceğinden bahsediyordu. Şurdan burdan konuştuktan sonra gelen zat otomobiline binerek gitti. Ayşe balkona koşmuş ve Nergis'e gelen o kişi ile babasının onun evlenmesi hakkında konuştuklarını söylemesi üzerine Nergis fenalık geçirmişti. Babası Nergis'e „Seni yakında evlendireceğiz" demiş ve damadın bu evlilik için İzmir'e geldiğini söylemişti. Nergis evde duramadı ve hıçkıra hıçkıra ağlayarak deniz kenarına koştu. Ne yapacağını düşünürken Umut imdadına yetişti.

Doğru mu yanlış mı?

1. Umut ile Nergis'in tanışması bir tesadüf.
   doğru ☐ yanlış ☐
2. Nergis üniversite mezunu.
   doğru ☐ yanlış ☐

3. Nergis'ten önce Ayşe'nin evlenmesi gerekiyor.
   doğru ☐   yanlış ☐
4. Nergis ile Ayşe öz kardeşler.
   doğru ☐   yanlış ☐
5. Nergis siyah araba ile gelen kimsenin damat adayı olduğunu sanıyor.
   doğru ☐   yanlış ☐
6. Nergis ile Ayşe balkonda otururken siyah bir araba kapılarının önünde duruyor.
   doğru ☐   yanlış ☐
7. Kapının önünde arabadan inen adamla Nergis'in babası karşılaştılar.
   doğru ☐   yanlış ☐
8. Babası arabadan inen adamla evin önünde konuşuyor.
   doğru ☐   yanlış ☐
9. Nergis ile Umut eskiden beri arkadaşlar.
   doğru ☐   yanlış ☐
10. Nergis çeyizini dikiş makinesinin başında hazırlamış.
    doğru ☐   yanlış ☐

Alıştırma 30

Batı dillerinden alıntı kelimelere Türkçe karşılık bulunuz!

doktrin	Fr. doctrine	
doküman	Fr. document	
dokümantasyon	Fr. documentation	
dokümanter	Fr. documentaire	
domestik	Fr. domestique	
dozer	İng. bulldozer	
dömifinal	Fr. demi-finale	
drenaj	Fr. drainage	
dribbling	İng. dribbling	
dublaj	Fr. doublage	
dublör	Fr. doubleur	
edisyon	Fr. édition	
editör	Fr. éditeur	
efemine	Fr. eféminé	
efor	Fr. effort	
egoist	Fr. égoïste	
egoizm	Fr. égoïsme	
egzersiz	Fr. exercice	
ekarte	Fr. écarté	
ekipman	Fr. équipement	

baskı; çaba; belge; evcil; yoldüzler; yarı final; akaçlama; belgesel; top sürme; benzer; yayımcı; öğreti; kadınsı; seslendirme; alıştırma; bencil; belgeleme; bencillik; saf dışı bırakılmış; takım

Alıştırma 31

Aşağıdaki metni okuduktan sonra soruları yanıtlayın!

Umut'un durumu da Nergis'inkinden farklı değildi. Nergis'i dinlerken telefonu çaldı. Arayan Arzu idi. Onu defalarca telefon ile aramış, babasının durumunu merak etmişti. Umut ona babasının çok ağır hasta olduğunu, bunun için daha uzun babasının yanında kalması gerektiğini söylemişti.

Umut'la Nergis her gün buluşuyorlar ve dertleşiyorlardı. Hep anlatan Nergis oluyor ve Umut da onu dinliyordu. Nergis'e karşı şimdiye kadar hiç kimseye duymadığı bir his vardı içinde. Bu acımadan ileri gelmiyordu. Aralarında bir elektriklenme olmuştu. Hele onun iri yeşil gözleri Umut'u sanki büyülemişti. Arzu'yu zaman zaman hatırlıyor, fakat ona karşı olan sevgisi gittikçe azalıyordu.

Umut'un gelmesinden sonra babası hızla iyileşmeye başladı. Doktorlar bile şaşırdılar. Ölecek zannettikleri hastası ayağa kalkmıştı.

Bir gün Umut Nergis'ten ayrılıp eve döndüğünde babası ona o akşam kız istemeye gideceklerini söylemiş ve bütün hazırlıklar yapılmıştı. Umut babasının tam iyileşmediğini, aceleye lüzum olmadığını söylemesine rağmen babası ısrar ediyordu. Umut boyun eğmek zorunda kaldı. Nasıl biri olduğunu düşünmeye başladı. Ama ne yapıp yapıp, babasına sevdiği kızla evleneceğini söyleyerek onu ikna edecekti. Ama bu durumu Arzu'ya nasıl anlatacaktı?

Doğru mu yanlış mı?

1. Umut ile Nergis'in durumları bir birine benziyor.
   doğru ☐   yanlış ☐

2. Umut ile Nergis her gün buluşuyorlar.
   doğru ☐ yanlış ☐
3. Arzu'nun Nergis'ten haberi var.
   doğru ☐ yanlış ☐
4. Nergis'in Arzu'dan haberi var.
   doğru ☐ yanlış ☐
5. Umut'un babası hızla iyileşiyor.
   doğru ☐ yanlış ☐
6. Doktorlar bile şaşırıyorlar.
   doğru ☐ yanlış ☐
7. Umut artık Nergis'i seviyor.
   doğru ☐ yanlış ☐
8. Umut'un Arzu'ya olan sevgisi gittikçe azalıyor.
   doğru ☐ yanlış ☐
9. Umut babasının sözünü dinliyor.
   doğru ☐ yanlış ☐
10. Umut ile Nergis arasında bir elektriklenme olmuştu.
    doğru ☐ yanlış ☐

Alıştırma 32

Batı dillerinden alıntı kelimelere Türkçe karşılık bulunuz!

eko	Fr. eco	
ekran	Fr. écran	
eksibisyonizm	Fr. exhibitionnisme	
egzotik	Fr. exotique	
eksper	Fr. expert	
eksperyans	Fr. expérience	
ekspoze	Fr. exposé	
elastik	Fr. élastique	
eleman	Fr. élément	
elit	Fr. élite	
empati	Fr. empathie	
endirekt	Fr. indirect	
endüstri	Fr. industrie	
endüstriyalizm	Fr. industrialisme	
endüstriyel	Fr. industriel	
enflasyon	Fr. inflation	
enformatik	Fr. informatique	
enfraruj	Fr. infrarouge	
enfrastrüktür	Fr. infrastructure	
enjektör	Fr. injecteur	

altyapı; sanayicilik; özet; yankı; göstermecilik; bilirkişi; esnek; öge; seçkin; duygudaşlık; dolaylı; sanayi; sınai; görüntülük; para şişkinliği; bilişim; kızıl ötesi; deneyim; yabancıl; iğne

Alıştırma 33

Aşağıdaki metni okuduktan sonra soruları yanıtlayın!

Arzu Umut'u sık sık telefonla arıyor, fakat telefon hep kapalı olduğundan onunla konuşamıyordu. Ona verilecek bir müjdesi vardı, Arzu bir çocuk bekliyordu. Bu müjdeyi mutlaka ona vermeliydi.
Nihayet Umut'un telefonu çalmış, telefona cevap vermişti. Umut ne söyleyeceğini şaşırmıştı. Arzu'ya babasının fenalaştığını, şu anda hastaneye götürmek üzere olduğunu, onu sonra arayacağını söylemişti. Halbuki onlar hastaneye değil, kız istemeye gidiyorlardı.
Nergis'e annesi onu istemeye geleceklerini söylemişti. Nergis çok üzülmüştü. „O adama varmam" diye diretiyordu. Annesi ona babasının ne kadar kızacağını anlatmaya çalışıyordu. Nergis çocukken babasını dinlemediğinde, babası onu odasına kitler, babasının dediğini yapana kadar odasında kapalı kalır, kimse ile oynayamazdı. Ayşe görücüye çıkması için Nergis'i zorla ikna etti. O da Nergis'in bir an evvel evlenmesini istiyordu. Nergis evlenirse Ayşe'yi de evlendireceklerdi.
Nergis görücüye çıkmaya nihayet razı oldu. Eline tutturdukları kahve tepsisi ile içeri girdi. Hiç kimseye bakmadan kahveleri verdi. Tam damadın önüne geldiğinde onun Umut olduğunu gördü, eli titredi ve kahveyi tepsiye döktü. Yeniden kahve pişirip getirdi. Artık asık suratlı değildi. Sevinçten gözleri parlamış, yanakları pembe pembe olmuştu. Demekki beşik kertmesi Umut'tu. Bunu bilseydi diretmezdi. Kahveler içildikten sonra oğlan tarafı kızı istedi. Babası usulen "Kızıma bir sorayım" dedi. Nergis babasının sormasını beklemeden "Evet" dedi. Annesi çok şaşırmıştı. Yüzük takıldı ve nikâh günü kararlaştırıldı.

Doğru mu yanlış mı?

1. Arzu Umut'tan bir çocuk bekliyor.
   doğru ☐ yanlış ☐
2. Umut ile babası kız isteme yerine hastaneye gidiyorlar.
   doğru ☐ yanlış ☐
3. Nergis Umut'tan bir çocuk bekliyor.
   doğru ☐ yanlış ☐
4. Ayşe misafirlere kahve ikram ediyor.
   doğru ☐ yanlış ☐
5. Beşik kertmesi Umut'muş.
   doğru ☐ yanlış ☐
6. Nergis'in „Evet" demesine annesi çok şaşırmıştı.
   doğru ☐ yanlış ☐
7. Nergis Umut'un damat adayı olduğunu biliyordu.
   doğru ☐ yanlış ☐
8. Nergis Umut'un damat adayı olduğunu öğrenince yanakları morardı.
   doğru ☐ yanlış ☐
9. Ayşe kahveyi tepsiye döktü.
   doğru ☐ yanlış ☐
10. Nergis'e nişan yüzüğü takıldı.
    doğru ☐ yanlış ☐

Alıştırma 34

Aşağıdaki sözlerin Almanca'daki karşılıklarını bulun!

Türkçesi	Almancası
kırkı çıkmak	
gök gürültüsü	
korkudan büzülmek	
bembeyaz bir yüz	
dedikodu yapmak	
içine kurt düşmek	
bahane bulmak	
felç geçirmek	
ölüm döşeği	
hıçkıra hıçkıra ağlamak	
içini dökmek	
çeyiz	
baş göz etmek	
ızdırap	
başı kabak	
şüphelenmek	
zat	
fenalık geçirmek	
deniz kenarı	
imdadına yetişmek	
imdat simidi	
boyun eğmek	
müjde	

der Donner; die Person; ein kreidebleiches Gesicht; tratschen/klatschen; argwöhnisch/misstrauisch werden; es vergehen vierzig Tage nach der Geburt oder dem Tod; einen Schlaganfall erleiden; das Sterbebett; schluchzend weinen; sein/ihr Herz ausschütten; sich beugen/fügen; die Aussteuer; der Kahlkopf; verheiraten; der Kummer/Schmerz; Verdacht schöpfen; jemandem schlecht werden; der Strand/das Ufer; jemandem zur Hilfe eilen; der Rettungsring; Ausrede finden; sich verkriechen vor Angst; die Freudenbotschaft

Alıştırma 35

Aşağıdaki metni okuduktan sonra soruları yanıtlayın!

Arzu durmadan telefon ediyor, cevap alamayınca şüpheleniyordu. Telefon hep kapalıydı. Umut huzursuzdu. Bunu Arzu'ya nasıl söyleyecekti? İzni bitmiş, İstanbul'a dönmesi gerekiyordu. Babasının hastalığını bahane ederek bir ay daha parasız izin aldı.
Arzu'nun Nilgün isminde iş arkadaşı izin almış ve İzmir'de teyzesinin kızının düğününe gidecekti. Arzu'ya „Sen de benimle gel!" dedi. O arada Arzu çok hastalanmıştı. Hamilelik onu çok sarsmıştı. Kimse onun hamile olduğunu bilmiyordu. Doktor yatak istirahatı vermişti. İzmir'e gitmeyi çok istediği halde gidemedi.
İzmir dönüşü Nilgün arkadaşlarını evine davet ederek muhteşem düğünün resimlerini göstererek düğünü ballandıra ballandıra anlatıyordu. Arzu da oradaydı. Nilgün gelinle çektirdiği resimleri göstermiş, herkes gelini çok beğenmişti. Sıra damadın resmini göstermeğe geldi. Arzu'nun gözleri yerinden fırladı. Damat onun günlerce erişemediği Umut idi. Bunu ona nasıl yapmıştı? Daha fazla dayanamayarak bayıldı. Arkadaşı Nilgün onu hemen hastaneye götürdü. Doktor önemli bir şey olmadığını, bebeğin durumunun da iyi olduğunu söylemişti. Nilgün çok şaşırdı. Arzu doktordan, bebekten kimseye bahsetmemesini rica etti.

Doğru mu yanlış mı?

1. Arzu Umut'u devamlı arıyor.
   doğru ☐   yanlış ☐

2. Nilgün, Nergis'in kuzini.
   doğru ☐ yanlış ☐
3. Nergis'in annesi, Nilgün'ün teyzesi.
   doğru ☐ yanlış ☐
4. Nergis ile Nilgün'ün anneleri kardeşler.
   doğru ☐ yanlış ☐
5. Arzu düğüne gidiyor.
   doğru ☐ yanlış ☐
6. Arzu'nun hamile olduğunu kimse bilmiyor.
   doğru ☐ yanlış ☐
7. Damadın Umut olduğunu görünce Arzu'nun gözleri yerinden fırladı.
   doğru ☐ yanlış ☐
8. Nilgün, Arzu'nun hamile olduğunu biliyordu.
   doğru ☐ yanlış ☐
9. Arzu bayılınca Nilgün onu hastaneye götürdü.
   doğru ☐ yanlış ☐
10. Nilgün, Arzu'nun iş arkadaşı.
    doğru ☐ yanlış ☐

Alıştırma 36

Batı dillerinden alıntı kelimelere Türkçe karşılık bulunuz!

enstantane	Fr. instantané	
enstrüman	Fr. instrument	
enstrümantalizm	Fr. instrumentalisme	
entegrasyon	Fr. intégration	
entelekt	Fr. intellect	
entelektüalizm	Fr. intellectualisme	
enternasyonal	Fr. international	
enternasyonalizm	Fr. internationalisme	
envestisman	Fr. investissement	
episantır	Fr. épicentre	
epik	Fr. épique	
epikriz	Fr. épicrise	
epilepsi	Fr. épilepsie	
epilog	Fr. épilogue	
ergonomi	Fr. ergonomie	
erozyon	Fr. érosion	
espiyonaj	Fr. espionnage	
fabrika	İt. fabricca	
fair play	İng. fair play	
faktör	Fr. facteur	

uluslararasıcılık; aşınma; çalgı/araç; anlık; anlıkçılık; anlık; iş bilimi; uluslararası; yatırım; destansı; sara; çıkış özeti; son söz; araççılık; deprem ortası; casusluk; bütünleşme/uyum; üretimevi; dürüst oyun; etmen

Alıştırma 37

Aşağıdaki metni okuduktan sonra soruları yanıtlayın!

Arzu çocuğu aldırmaya karar verdi. Nilgün ile Arzu hastaneye gittiklerinde kadın hastalıkları kısmı çok kalabalıktı. Beklerken hanımlar aralarında sohbet ediyorlardı. Çocuk sahibi olmak için tedaviye gelmişlerdi. Arzu'nun da çocuk sahibi olmak için geldiğini sanmışlardı. Sorduklarında o çocuğu aldıracağını söylemişti. Bu söze çok şaşıran kadınlar, „Sen nasıl annesin? O senin canın, insan hiç çocuğunu aldırır mı? Vicdansız kadın! Biz çocuk sahibi olmak için nelere katlanıyoruz" gibi sözlerle tepki göstermişlerdi. Arzu bu sözlerin karşısında dayanamayarak yerinden kalkmış, koşar adımlarla kendini dışarı atmıştı. Nilgün onu teselli etmeye çalışıyordu. „Başka doktora gideriz" demişti fakat Arzu fikrini değiştirdi. Çocuğu doğurmaya karar verdi.

Karnı gittikçe büyüdüğünden işe devam etmesi mümkün değildi, ama nereye gidecekti? Aklına süt annesi geldi. Ona telefon edip durumu anlattı. İstifasını müdüre takdim ettiğinde, müdür ona, ne zaman isterse tekrar işine dönebileceğini söyledi.

Arzu süt annesinin yanına gitmiş ve orada bir kız çocuğu dünyaya getirmişti. Hastanede onu azarlayan kadınlara şükran duyuyordu. Onlar olmasaydı belki de çocuğunu aldırmış olacaktı.

Doğru mu yanlış mı?

1. Arzu çocuğu aldırmaya karar verdi.
   doğru ☐   yanlış ☐

2. Nilgün Arzu'yu hastaneye götürdü.
   doğru ☐   yanlış ☐
3. Hastanedeki kadınlar, Arzu'nun kararına olumsuz tepki gösterdiler.
   doğru ☐   yanlış ☐
4. Hastanedeki kadınların tepkisine inat, Arzu çocuğu aldırmakta ısrar etti.
   doğru ☐   yanlış ☐
5. Arzu'nun karnının gittikçe büyüdüğünü iş yerinde gördüler.
   doğru ☐   yanlış ☐
6. Arzu'nun istifasını müdür kabul etmedi.
   doğru ☐   yanlış ☐
7. Arzu süt annesinin yanına gitti.
   doğru ☐   yanlış ☐
8. Arzu'nun bir oğlu oldu.
   doğru ☐   yanlış ☐
9. Arzu çocuk doğurduğundan pişman.
   doğru ☐   yanlış ☐
10. Nilgün, Arzu'yu her bakımdan destekledi.
    doğru ☐   yanlış ☐

Alıştırma 38

Aşağıdaki sözlerin Almanca'daki karşılıklarını bulun!

Türkçesi	Almancası
çocuk aldırmak	
fenalaşmak	
kızmak	
görücü	
görücüye çıkmak	
tepsi	
asık bir surat	
şaşırmak	
olaysız	
parasız izin	
iş arkadaşı	
hamilelik	
yatak istirahatı	
kız arkadaş	
muhteşem	
bayılmak	
vicdansız	
süt anne	
azarlamak	
şükran duymak	
kıskanmak	
tedavi	
trafik kazası	

die Behandlung/Therapie; in Ohnmacht fallen; sich ärgern; dem/der Brautschauer/in vorgeführt werden; das Tablett; eine grimmige/bärbeißige Miene; ohne Zwischenfälle; sich wundern; unbezahlter Urlaub; der/die Arbeitskollege/-in; die Schwangerschaft; die Amme; der Verkehrsunfall; die Bettruhe; die Freundin; abtreiben; prächtig; gewissenlos; tadeln/schelten; dankbar sein; eifersüchtig sein; jemandes Zustand verschlechtert sich; der/die Brautschauer/in

Alıştırma 39

Batı dillerinden alıntı kelimelere Türkçe karşılık bulunuz!

fanatik	Fr. fanatique	
fars	Fr. farce	
fatalist	Fr. fataliste	
fatalizm	Fr. fatalisme	
feodalite	Fr. féodalité	
feribot	İng. ferryboat	
fiction	İng. fiction	
fiks menü	Fr. fixe menu	
filtre	Fr. filtre	
finiş	İng. finish	
first-class	İng. first-class	
fitness	İng. fitness	
fizibilite	İng. feasibility	
fizyoterapi	Fr. physiothérapie	
flashback	İng. flashback	
flaşör	Fr. flasheur	
folklor	Fr. folklore	
fonksiyon	Fr. fonction	
fonksiyonel	Fr. fonctionnel	
formalist	Fr. formaliste	

arabalı vapur; güldürü; yazgıcılık; sağlıklı yaşam; derebeylik; kurgu; tek liste; işlev; süzgeç; birinci sınıf; yapılabilirlik; bağnaz; fizik tedavisi; biçimci; varış; yazgıcı; geriye dönüş; dörtlü; halk bilimi; işlevsel

Alıştırma 40

Aşağıdaki metni okuduktan sonra soruları yanıtlayın!

Nergis'ten sonra Ayşe de evlendirildi. Ayşe'nin evvela bir kızı sonra da bir oğlu olmuştu. Nergis Ayşe'yi kıskanıyordu. Bir türlü çocuğu olmuyordu. Defalarca tedavi edilmiş, fakat netice alınamamıştı. Ayşe evlerine geldiği zaman babası ve annesi çocukları kendi öz torunları gibi seviyorlardı. Bu arada Ayşe üçüncü çocuğuna hamile idi. Bu da Nergis'in asabını bozuyordu.
Arzu hiç evlenmemiş çocuğunu büyütüyordu. Kızının kendi kızı olmadığını, anne ve babasının trafik kazasında ölen bir akrabalarının kızı olduğunu söyledi. Yıllar sonra eski işine dönmüş ve kabul edilmişti. Kızı altı yaşına basacağı gün annesi ile alışverişe gideceklerdi. Arzu müdürden izin istemek için giderken kızını kapıyı bekleyene emanet etmişti. Çocuk kapıda oynarken şiddetli gök gürlemişti. Tesadüfen Umut da oradan geçiyordu. Gök gürlemesinden korkan küçük kız, merdivenlerden düşerken onu kucaklayan Umut'un boynuna sarılarak „Amca, çok korktum" demişti. Umut, yıllar önce Arzu'nun gök gürültüsünden korkarak kendisinin boynuna nasıl sarıldığını anımsadı. Dünya çok konuşkan bir kızdı. Annesinin burada çalıştığını ve kendisinin altı yaşında olduğunu, bu gün annesi ile beraber doğum günü alışverişine gideceklerini anlatırken annesi kapıda göründü. Dünya "Anne!" diye ona doğru koştu. Umut Arzu'yu tanımıştı, onlara görünmeden oradan uzaklaştı. Dünya, Arzu ile beraber oldukları zamana denk geliyordu. Acaba kendi çocuğu olabilirmiydi? Bu soru aklına takıldı. Bunu muhakkak öğrenecekti.

Doğru mu yanlış mı?

1. Ayşe Nergis'ten önce evlenmişti.
doğru ☐ yanlış ☐
2. Ayşe'nin evvela bir kızı oldu.
doğru ☐ yanlış ☐
3. Nergis Ayşe'yi kıskanıyordu.
doğru ☐ yanlış ☐
4. Arzu hiç evlenmemiş çocuğunu büyütüyordu.
doğru ☐ yanlış ☐
5. Arzu'nun kızının adı Dünya.
doğru ☐ yanlış ☐
6. Dünya, Arzu'nun öz kızı değil.
doğru ☐ yanlış ☐
7. Dünya da gök gürlemesinden korkuyor.
doğru ☐ yanlış ☐
8. Dünya çok konuşkan bir kız.
doğru ☐ yanlış ☐
9. Dünya'nın babası Umut olabilir.
doğru ☐ yanlış ☐
10. Dünya'nın öz annesi Nilgün.
doğru ☐ yanlış ☐

Alıştırma 41

Batı dillerinden alıntı kelimelere Türkçe karşılık bulunuz!

formalizm	Fr. formalisme	
formasyon	Fr. formation	
forvet	İng. forward	
foseptik	Fr. fosse septique	
fotokopi	Fr. photocopie	
frekans	Fr. fréquence	
frijider	Fr. frigidaire	
frikik	İng. free-kick	
fruktoz	Fr. fructose	
fuel-oil	İng. fuel-oil	
full-time	İng. full-time	
fundamentalist	Fr. fondamentaliste	
fundamentalizm	Fr. fondamentalisme	
futbol	İng. football	
fütürist	Fr. futuriste	
gag	İng. gag	
galaksi	Fr. galaxie	
garanti	Fr. garantie	
gardırop	Fr. gadre-robe	
genetik	Alm. Genetik	

güvence; kökten dinci; biçimlenme; ileri uç (oyuncusu); tıpkıçekim; biçimcilik; sıklık; serbest vuruş; meyve şekeri; yağ yakıt; gelecekçi; kökten dincilik; lağım çukuru; ayak topu; gülüt; gök ada; giysi dolabı; buzdolabı; tam gün; kalıtım bilimi

Alıştırma 42

Aşağıdaki metni okuduktan sonra soruları yanıtlayın!

Bir gün bir kadının çantasını iki kapkaççı almaya çalışıyordu. Kadın hem vermemek için direniyor, hem de bağırıyordu. Umut hemen kadının imdadına yetişti. Kapkaççının birini bir yumrukla yere sermişti. Ötekisi Umut'a bıçağını çekti. O sırada oradan polis arabası geçiyordu. Polisler kapkaççıları kovalamaya başladılar. İkisi de yakalandı. Umut kadını yerden kaldırdı. Gideceği yere kadar götürdü. Eğer Umut olmasaydı, o gün maaşını almış olan Hacer Hanım beş parasız kalacaktı. Hacer Hanım Umut'a kartvizitini vermiş, bir kahve içmeye gelirse çok mutlu olacağını söylemişti.

Umut çantasını karıştırırken tesadüf 2 yıl önce Hacer Hanım'ın vermiş olduğu kartviziti buldu. Okuyunca şaşırdı. Hacer Hanım Arzu'nun çalıştığı şirketin hemşiresi idi. O Umut'a yardım edebilirdi. Hemen şirkete gitti. Daha kapıdan girer girmez Hacer Hanım onu tanıdı. Aralarında gizli kalmak üzere her şeyi Hacer Hanım'a anlattı. Hacer Hanım Dünya'nın, Arzu'nun evlâtlığı olduğunu ve Arzu'nun hiç evlenmediğini söylemişti. Ama Umut inanmamış ve Hacer Hanım'dan yardım istemişti.

Arzu bazen Dünya'yı şirkete getirir ve Hacer Hanım'a bırakırdı. Hacer teyzesi ona masallar anlatır, o da Hacer teyzesini çok severdi. Yine şirkete geldiği gün Hacer gözüne saçın geliyor diye kakülünden biraz kesti ve torbaya koyup Umut'a verdi.

Doğru mu yanlış mı?

1. Kapkaççılar Hacer Hanım'ın çantasını aldılar.
    doğru ☐   yanlış ☐

2. Kapkaççının birini Umut bir yumrukla yere serdi.
   doğru ☐   yanlış ☐
3. Kapkaççıları polis yakaladı.
   doğru ☐   yanlış ☐
4. Kapkaççı olayı yüzünden Umut ile Hacer Hanım tanışmış oldu.
   doğru ☐   yanlış ☐
5. Hacer Hanım Umut'a kartvizitini vermedi.
   doğru ☐   yanlış ☐
6. Hacer Hanım Arzu'nun çalıştığı şirkette hemşire.
   doğru ☐   yanlış ☐
7. Umut Hacer Hanım'dan yardım istemişti.
   doğru ☐   yanlış ☐
8. Arzu bazen Dünya'yı şirkete getirir ve Hacer Hanım'a bırakırdı.
   doğru ☐   yanlış ☐
9. Hacer Hanım Dünya'ya masallar anlatırdı.
   doğru ☐   yanlış ☐
10. Hacer Hanım kestiği Dünya'nın saçını Umut'a verdi.
    doğru ☐   yanlış ☐

Alıştırma 43

Batı dillerinden alıntı kelimelere Türkçe karşılık bulunuz!

global	Fr. global	
grafik	Fr. graphique	
gramer	Fr. grammaire	
gurme	Fr. gourmet	
hacker	İng. hacker	
haftayım	İng. half-time	
halüsinasyon	Fr. hallucination	
handikap	İng. handicap	
happy hour	İng. happy hour	
hat trick	İng. hat trick	
haymatlos	Alm. heimatlos	
hentbol	İng. handball	
hepatit	Fr. hépatite	
high-tech	İng. high-tech	
hijyen	Fr. hygiène	
hijyenik	Fr. hygiènique	
hinterlant	Alm. Hinterland	
hipopotam	Fr. hippopotame	
hipotetik	Fr. hypothétique	
hipotez	Fr. hypothèse	

varsayımsal; üçleme; indirim saatleri; sağlıksal; çizge; bilgisayar korsanı; sanrı; tatbilir; engel; vatansız; el topu; sarılık; devre arası; yüksek teknoloji; dil bilgisi; küresel; sağlık bilgisi; iç bölge; su aygırı; varsayım

Alıştırma 44

Aşağıdaki metni okuduktan sonra soruları yanıtlayın!

Arzu pencereden bakarken Umut'un geldiğini görmüştü. Kendi kendine „Umut'un burada ne işi olabilir?" diye düşündü. Hemen koridora çıktı ve onunla karşılaştı. Birbirlerine hal ve hatır sordular. Umut "Burada çalışan bir arkadaşımı görmeye geldim" dedi ve yoluna devam etti. Umut DNA testi sonucunda Dünya'nın kendi kızı olduğunu öğrenmişti. İzmir'e döndü, sevinçli idi. Bir kızı vardı; fakat bunu Nergis'e nasıl söyleyecekti? Onu çok sevdiği için onu üzmekten çok korkuyordu.
Umut'un gelmesini dört gözle bekleyen Nergis, üzgündü. Umut'un kendisinden uzaklaştığını hissediyordu. Umut'un iş icabı sık sık İstanbul'a gitmesi Nergis'in canını sıkıyordu. Halbuki Umut bir an olsun Nergis'i aklından çıkarmıyordu. Ona ilk günkü gibi aşıktı. Nergis ile yaşadıkları Arzu ile yaşadıklarından çok farklı idi.

Doğru mu yanlış mı?

1. Umut Arzu ile aynı yerde çalışıyor.
   doğru ☐ yanlış ☐
2. Umut İzmir'de oturuyor.
   doğru ☐ yanlış ☐
3. Umut Arzu ile evli.
   doğru ☐ yanlış ☐
4. Dünya Umut'un öz kızı.
   doğru ☐ yanlış ☐
5. Umut Nergis'i seviyor.
   doğru ☐ yanlış ☐

Alıştırma 45

Batı dillerinden alıntı kelimelere Türkçe karşılık bulunuz!

hit	İng. hit	
hiperaktif	İng. hyperactive	
hiperaktivite	İng. hyperactivity	
hipertansiyon	Fr. hypertension	
hol	İng. hall	
hiyeroglif	Fr. hiéroglyphe	
homojen	Fr. homogène	
homoseksüel	Fr. homosexuel	
hukşat	İng. hook shot	
humor	Fr. humeur	
hümanist	Fr. humaniste	
hümanizm	Fr. humanisme	
hobi	İng. hobby	
ice-tea	İng. ice-tea	
ide	Fr. idée	
ideal	Fr. idéal	
idealist	Fr. idéaliste	
idealizm	Fr. idéalisme	
idefiks	Fr. idée fixe	
identik	Fr. identique	

ülkücülük; sofa; aşırı etkin; yüksek kan basıncı; liste başı; bağdaşık; eş cinsel; aşırı etkinlik; çengel atış; gülmece; insancıllık; buzlu çay; düşünce/fikir; ülkü; insancıl; ülkücü; saplantı; özdeş; resim yazı; uğraşı

Alıştırma 46

Aşağıdaki metni okuduktan sonra soruları yanıtlayın!

Umut İstanbul'a gittiği bir gün Arzu ile çocuğu hakkında konuşmak için iş yerine gitti. Arzu, „O çocuk senin kızın değil, Dünya benim manevi kızım' diye ısrar ediyordu. Umut babalık davası açacağını söylediği bir sırada telefonu çaldı. Telefonu açan Umut'a annesi Nergis'in çok hasta olduğunu, hemen İzmir'e dönmesini söylemişti. Bunu duyan Umut odadan fırlayarak çıktı. Arzu arkasından bakakaldı. Onu hâlâ seviyordu. Umut onun ilk aşkı idi. Onunla ne güzel günleri olmuştu. Babasının hastalığı ikisini birbirinden ayırmıştı. Nergis'i kıskanıyordu.
    Umut İzmir'e gittiğinde Nergis'in intihar ettiğini öğrendi. Yıkılmıştı. Gözünde ne kızı, ne işi, hiçbir şey yoktu. Kendini odaya kapadı, hayata küsmüştü. Herkes çok üzgündü. Babası vefat ettiği için bu mutsuz günü görmemişti. O Umut'un Nergis'le evlendiğini görerek mutlu olarak ölmüştü.
    Nergis ölmeden önce bir mektup yazıp bırakmış ve ilaç içerek hayatına son vermişti. Mektupta Umut'a bir çocuk verememesinin üzüntüsü içinde olduğunu, bu yüzden Umut'un kendisinden uzaklaştığını ve buna dayanamadığı için hayatına son vermeye karar verdiğini, kendisini affetmesi için „Yalvarırım" diyordu.

Doğru mu yanlış mı?

1. Umut sık sık İstanbul'a gidiyor.
   doğru ☐   yanlış ☐
2. Arzu'nun ilk aşkı Umut idi.
   doğru ☐   yanlış ☐

3. Nergis damarlarını keserek intihar etti.
   doğru ☐ yanlış ☐
4. Umut'un babası Nergis intihar ettikten sonra vefat etti.
   doğru ☐ yanlış ☐
5. Nergis'in Dünya'dan haberi vardı.
   doğru ☐ yanlış ☐
6. Nergis'in çocuğu olmadı.
   doğru ☐ yanlış ☐

Alıştırma 47

Batı dillerinden alıntı kelimelere Türkçe karşılık bulunuz!

illegal	Fr. illégal	
illüstrasyon	Fr. illustration	
illüzyon	Fr. illusion	
illüzyonist	Fr. illusioniste	
illüzyonizm	Fr. illusionisme	
imaj	Fr. image	
imitasyon	Fr. imitation	
immünoloji	Fr. immunologie	
indeks	Fr. index	
indikatör	Fr. indicateur	
individüalist	Fr. individualiste	
individüalizm	Fr. individualisme	
in-line skate	İng. in-line skate	
inovasyon	İng. innovation	
inovatif	İng. innovative	
internet	İng. internet	
intranet	İng. intranet	
iskonto	İt. sconto	
istatistik	Fr. statistique	
izolasyon	Fr. isolation	

yerel ağ; göz bağcılık; bireyci; yenileşimci; resimleme; yanılsama/göz bağı; imge; taklit; bağışıklık bilimi; göz bağcı; dizin; gösterge; bireycilik; kaykaç; yasa dışı; yenileşim; Genel Ağ; sayımlama; indirim; yalıtım

Alıştırma 48

Aşağıdaki metni okuduktan sonra soruları yanıtlayın!

Umut kırkının çıkmasını bekledi. Bu kırk gün işerisinde odasından hiç dışarı çıkmadı. İstanbul'a döndü ve babalık davası açtı. Deliller onun lehindeydi. Arzu'nun avukatı, babasının öldüğü söylenen bir kıza, Umut'u göstererek "Bu senin baban" demek, onun psikolojisini bozabilir diyordu. Büyüdüğü zaman söylenmesinin daha doğru olacağı üzerinde ısrar ediyordu. Umut'un avukatı ise, yetişkin bir yaşta bir babası olduğunu öğrenmesi, baba ile kız arasında bir bozukluk olacağını, babasının kendisini aramamasından dolayı babasını suçlayacağını iddia ediyordu. Arzu ise bunun bir psikolog eşliğinde söylenmesini istiyordu. Çocuğu da alarak ikisi birden bir psikoloğa gittiler. Dünya kendine anlatılanları çok normal karşıladı. Hatta bir babası olmasına çok sevinmiş, anne dediği Arzu'nun da kendi öz annesi olması onu çok mutlu etmişti.

Hafta sonlarını babası ile birlikte geçiriyordu. Babası Dünyayı mutlu etmek için elinden geleni yapıyordu. Umut her hafta çocuğunu almak için Arzu'nun evine gidiyor ve hafta başı onu Arzu'nun evine bırakıyordu.

Umut Arzu'nun bir kızı olduğunu ondan saklamasına kızmıştı. Bunu neden yaptığını Arzu'ya sormuştu. Arzu da ona sitemli bir şekilde cevap verdi. Ona hamile kaldığını söylemek için defalarca telefon ettiğini, fakat ulaşamadığını, telefonunun hep kapalı olduğunu söylemişti. „Tabii sen evlenmekle meşguldün, şimdi beni mi suçluyorsun?" dedi. Umut ona hak verdi. Hamile olduğunu bile bile yine Nergis ile evlenecekti, fakat çocuğuna da sahip çıkacaktı.

Doğru mu yanlış mı?

1. Nergis'in ölümünden sonra Umut kırkının çıkmasını bekledi.
   doğru ☐   yanlış ☐
2. Umut Nergis'in ölümünden kırk gün sonra İstanbul'a döndü.
   doğru ☐   yanlış ☐
3. Umut İstanbul'a döndü ve babalık davası açtı.
   doğru ☐   yanlış ☐
4. Umut ile Arzu'nun müşterek bir avukatları vardı.
   doğru ☐   yanlış ☐
5. Umut babalık davasını kaybetti.
   doğru ☐   yanlış ☐
6. Avukatları, Dünya'nın hakikatı öğrenmesi konusunda hemfikir değiller.
   doğru ☐   yanlış ☐
7. Dünya Arzu'nun kendi öz annesi olduğunu biliyordu.
   doğru ☐   yanlış ☐
8. Arzu ile Umut bir psikolog eşliğinde Dünya'ya gerçeği söylediler.
   doğru ☐   yanlış ☐
9. Babası Dünya'yı mutlu etmek için elinden geleni yapıyor.
   doğru ☐   yanlış ☐
10. Umut, Arzu'nun hamile olduğunu bilseydi Nergis ile evlenmezdi.
    doğru ☐   yanlış ☐

Alıştırma 49

Batı dillerinden alıntı kelimelere Türkçe karşılık bulunuz!

izolatör	Fr. isolateur	
jakuzi	İng. jacuzzi	
jaluzi	Fr. jalousie	
jam-session	İng. jam-session	
izole	Fr. isolé	
jargon	Fr. jargon	
jenerasyon	Fr. génération	
jeneratör	Fr. générateur	
jenosit	Fr. génnocide	
jeolog	Fr. géologue	
jeoloji	Fr. géologie	
jeolojik	Fr. géologique	
jet ski	İng. jet ski	
jinekoloji	Fr. gynécologie	
jinokolog	Fr. gynécologue	
kreatif	Fr. creative	
kredibilite	Fr. crédibilité	
kreş	Fr. crèche	
kriminoloji	Fr. criminologie	
kriter	Fr. critère	

yer bilimsel; yaratıcı; şerit perde; çocuk yuvası; yalıtılmış; sağlık havuzu; toplu caz; argo; yalıtkan; kuşak; üreteç; soykırım; yer bilimci; yer bilimi; su kızağı; kadın hastalıkları; kadın hastalıkları hekimi; güvenilirlik/itibar; ölçüt; suç bilimi

Alıştırma 50

Aşağıdaki metni okuduktan sonra soruları yanıtlayın!

Aradan yıllar geçti, Dünya büyümüş koca bir kız olmuştu.Üniversite giriş sınavını kazanmış, Tıp Fakültesi'ne iyi bir puan ile girmişti. Çocuk doktoru olmak istiyordu.
    Arzu ile Umut, ikisi de bekârdı. Umut, Arzu'ya evlenme teklif etmeye karar verdi. Bir gün onu yemeğe davet etti. Bunu bir kaç kere yapmış, fakat cesaret edip evlenme teklif edememişti. Ama artık kararlı idi. Yemeğe çıktıkları bir sırada, Umut yıllar önce alıp da takamadığı yüzüğü cebinden çıkararak Arzu'ya evlenme teklif etti. Arzu çok gururlu idi. Kabul edemezdi. Umut onun aşkına ihanet etmişti. Onu aldatıp evlenmişti. Teklifi geri çevirecekti ki telefonu çaldı, hastaneden geliyordu. Dünya trafik kazası geçirmişti. Bunu öğrenir öğrenmez hastaneye koştular. Önemli bir şey yoktu. Ama tedbir icabı o gece hastanede kaldılar. Ertesi günü eve döndüler. Babası ve annesi Dünya'nın başından ayrılmıyorlardı. Dünya iki gün yatakta yattı, her tarafı ağrıyordu. Annesi ona çok güzel bir doğum günü hazırlamıştı. Arkadaşlarını çağırmış, bir de ona bir gün vitrinde görüp beğendiği bir bileziği hediye etti. Vaktiyle gördüğü bileziği çok istemiş, annesi o yaştaki bir çocuğun takmasını uygun görmediği için almamıştı. Bir kuyumcuya giderek Dünya'nın istediği bileziği tarif etmiş ve kuyumcu da aynısını yapmıştı.
    Babasının sürprizi daha da büyüktü. Annesi kızına hediyesini vermiş, babası da otomobilin anahtarını uzatarak armağanın kapıda olduğunu söylemişti, fakat onun memnun olmadığını görerek şaşırmıştı.
    Halbuki Dünya onlardan başka bir armağan bekliyordu. Anne ve babasının ellerini birbirine kavuşturarak „Ben bu armağanı istiyorum, beni ancak bir aile olmamız

mutlu eder„ demişti. Sırf kızını mutlu görmek için Arzu geçmişi unutacaktı. Babası cebinden çıkardığı yüzüğü Arzu'nun parmağına takarken „Yıllar önce o gece senin parmağına bu yüzüğü takacaktım ama o sırada çalan telefon benim hayatımı değiştirdi. Kader kısmet böyleymiş" dedi. Arzu'dan defalarca özür diledi ve yüzüğü Arzu'nun parmağına taktı.

Doğru mu yanlış mı?

1. Dünya üniversitede okuduktan sonra doktor olacak.
   doğru ☐ yanlış ☐
2. Umut arada sırada Arzu'yu yemeğe davet ediyor.
   doğru ☐ yanlış ☐
3. Umut ile Arzu kızlarının bir trafik kazası geçrdiğini gazetelerden öğreniyorlar.
   doğru ☐ yanlış ☐
4. Dünya ağır bir trafik kazası geçirmiş.
   doğru ☐ yanlış ☐
5. Arzu çok gururlu.
   doğru ☐ yanlış ☐
6. Dünya trafik kazasından sonra bir gece hastanede yattı.
   doğru ☐ yanlış ☐
7. Dünya hastaneden çıktıktan sonra bir hafta evde yatakta yattı.
   doğru ☐ yanlış ☐

8. Doğum gününde annesi Dünya'ya bir bilezik hediye etti.

    doğru ☐   yanlış ☐

9. Babası ise doğum günü hediyesi olarak kızına bir otomobil almıştı.

    doğru ☐   yanlış ☐

10. Dünya anne ve babasının evlenmelerine karşı idi.

    doğru ☐   yanlış ☐

Alıştırma 51

Aşağıdaki sözlerin Almanca'daki karşılıklarını bulun!

Türkçesi	Almancası
kapkaççı	
tesadüfen	
merdivenlerden düşmek	
kucaklamak	
uzaklaşmak	
doğum günü	
imdat	
kovalamak	
hemşire	
evlatlık	
masallar anlatmak	
dört gözle beklemek	
intihar etmek	
affetmek	
dayanamamak	
ısrar etmek	
gömmek	
yalvarmak	
babalık davası	
soğukluk	
suçlamak	
lehinde	
sitem	

die Vaterschaftsklage; per Zufall; umarmen; sich entfernen; die Hilfe/Nothilfe; verjagen/verfolgen; die Krankenschwester; der Räuber; das Adoptivkind; sehnsüchtig erwarten; Märchen erzählen; Selbstmord begehen; verzeihen; nicht widerstehen können; der Geburtstag; insistieren/beharren/bestehen (auf); begraben; die Treppe hinunterfallen; flehen/anflehen; beschuldigen; zu Gunsten; der Vorwurf; die Kälte/Entfremdung

Alıştırma 52

Batı dillerinden alıntı kelimelere Türkçe karşılık bulunuz!

jips	Fr. gypse	
joy-stick	İng. joy-stick	
jüri	Fr. jury	
kamufle	Fr. camouflé	
katedral	Fr. cathédrale	
kaos	Fr. chaos	
kakofoni	Fr. cacophonie	
kalibraj	Fr. calibrage	
kalibrasyon	Fr. calibration	
kalifikasyon	Fr. qualification	
kalifiye	Fr. qualifié	
kaligrafi	Fr. calligraphie	
kalitatif	Fr. qualitatif	
kalite	Fr. qualité	
kalker	Fr. calcaire	
kalorimetre	Fr. calorimètre	
kalorimetri	Fr. calorimètrie	
kameraman	Fr. cameraman	
kampüs	Fr. campus	
kamuflaj	Fr. camouflage	

yerleşke; niteliklilik; hakem kurulu; kumanda kolu; ses uyumsuzluğu; ayarlama; alçı taşı; ölçümleme; nitelikli; kireç taşı; güzel yazı sanatı; nitel; ısıölçer; ısı ölçümü; çekimci; gizleme; nitelik; gizlenmiş; başkilise; kargaşa

Alıştırma 53

Bu, neyi tanımlıyor?
1. Doğrudan doğruya konuşulan veya yazılan konuyu ilgilendirmeyen dolaylı söz : ....
2. Bir ürünün veya bir çalışmanın etkisini, verimliliğini, geliştirilmesini sağlamak için uzmanlarca yapılan ayrıntılı araştırma, kısaltması ARGE : ....
3. Bilgisayar yazılımlarının kullanıcı tarafından çalıştırılmasını sağlayan, çeşitli resimlerin, grafiklerin, yazıların yer aldığı ön sayfa: ....
4. Bir duyunun kaybolmasından sonra da devam eden görüntü : ....
5. Boğa güreşi, yarış, oyun vb. gösteriler yapılan alan : ....
6. Bal ve bal mumu yapan, iğnesiyle sokan böcek : ....
7. Bal almak için arı yetiştiren kimse : ....
8. Arıların içinde bal yaptıkları çeşitli maddelerden yapılmış yuva : ....
9. Her çeşit mikroptan arınmış, steril, sterilize : ....
10. Aksamayan, bozulmadan işleyen : ....
11. Belirli bir günün, olayın bir önceki günü, ön gün : ....
12. Soylu erki: ....
13. Matematiğin, konusu sayılar, bunların özellikleri ve işlemler olan kolu : ....
14. Kalp atışlarındaki düzensizlik ve eşitsizlik : ....

araştırma geliştirme; ardışık görüntü; ara söz; arı; arıcı; arızasız; arife; aristokrasi; aritmetik; aritmi; arayüz; arınık; arena; arı kovanı

Alıştırma 54

Batı dillerinden alıntı kelimelere Türkçe karşılık bulunuz!

kritik	Fr. critique	
kronolojik	Fr. chronologique	
kanalize	Fr. canalisé	
kanseroloji	Fr. cancérologie	
kantitatif	Fr. quantitative	
kantite	Fr. quantité	
kronometre	Fr. chronomètre	
kapital	Fr. capital	
kapitalist	Fr. capitaliste	
kapitalizm	Fr. capitalisme	
kapora	İt. caparra	
kapüşon	Fr. capuchon	
karizma	Fr. charisme	
karizmatik	Fr. charismatique	
karnivor	Fr. carnassier	
kartograf	Fr. cartographe	
kartografi	Fr. cartographie	
kartografya	Fr. cartographie	
kuartet	Fr. quartette	
kuintet	Fr. quintette	

nicelik; haritacı; dörtlü; etkileyici; beşli; anamalcı; yönlendirilmiş; kanser bilimi; nicel; sermaye/anamal; anamalcılık; başlık; güvenmelik; etkileyicilik; etobur; haritacılık; eleştiri; zaman bilimsel; süreölçer

Alıştırma 55

Batı dillerinden alıntı kelimelere Türkçe karşılık bulunuz!

kategori	Fr. catégorie	
kemoterapi	Fr. chimiothérapie	
klimatoloji	Fr. climatologie	
klostrofobi	Fr. claustrophobie	
koç	İng. coach	
kokpit	İng. cockpit	
kolaj	İng. collage	
koleksiyon	Fr. collection	
kolonyalist	Fr. colonialiste	
kolonyalizm	Fr. colonialisme	
kombinasyon	Fr. combination	
komite	Fr. comité	
kompetitif	Fr. compétitif	
komplikasyon	Fr. complication	
komplike	Fr. complique	
komplo	Fr. complot	
kompozitör	Fr. compositeur	
komünikasyon	Fr. communication	
kongre	Fr. kongrès	
konkav	Fr. concave	

karmaşık; kimyasal tedavi; rekabetçi; kurultay; iklim bilimi; düzen; çalıştırıcı; pilot kabini; ulam; kesyap; derlem; sömürgeci; sömürgecilik; birleştirme/tertip; alt kurul; kapalı yer korkusu; karmaşıklık; besteci; iletişim; içbükey

Alıştırma 56

Bu, neyi tanımlıyor?

1. Siyasi görüş ve olaylardan habersiz veya onlara kayıtsız kalan : ....
2. Avın veya kendisine gösterilen şeyin üzerine atılıp getirmesi için köpeğe verilen buyruk sözü: ....
3. Kesme işareti : ....
4. Kumaş veya derinin cilalanması: ....
5. Bir doku içinde iltihap oluşmak : ....
6. İki şeyi birbirinden ayıran uzaklık, aralık, boşluk, mesafe : ....
7. Bir anlaşmazlıkta tarafları uzlaştıran : ....
8. Kullanılmaz duruma gelmiş veya eski arabaların bırakıldığı yer : ....
9. İki kişinin arasındaki dostluğu veya geçimi bozan : ....
10. Asalağın, gelişme evreleri sırasında beslenip barındığı konakçılardan her biri; Almancası: der Zwischenwirt : ....
11. Yılın on ikinci ayı : ....
12. Sanığın yakalanması veya suç belgelerinin elde edilmesi için bir kimsenin evinde, iş yerinde, üzerinde veya eşyasında yapılan araştırma işlemi : ....

13. Kullanıcıların, aradıkları bilgiye ulaşmalarını sağlamak için Genel Ağ üzerindeki ağ sitelerini başlıklarına, açıklamalarına, anahtar kelimelerine ve içeriklerine göre bir dizin olarak sıralayan sistem: ....
14. Tekerlekli, motorlu veya motorsuz her türlü kara taşıtı: ....
15. Bugün kullandığımız sayıları gösteren rakamlar: ....

araba mezarlığı; apolitik; apostrof; apre; ara; araba; arabozan; ara bulucu; ara konakçı; arama; arama motoru; Arap rakamları; aport; apse yapmak; aralık

Alıştırma 57

Batı dillerinden alıntı kelimelere Türkçe karşılık bulunuz!

konkre	Fr. concret	
konsantrasyon	Fr. concentration	
konsantre	Fr. concentré	
konsensüs	Fr. consensus	
konsonant	Alm. der Konsonant	
konstrüksiyon	Fr. construction	
kontraksiyon	Fr. contraction	
kontrat	Fr. contrat	
kontratak	Fr. contre-attaque	
kontrolör	Fr. contrôleur	
konveks	Fr. convexe	
koordinasyon	Fr. coordination	
koordinatör	Fr. coordinateur	
koordine	Fr. coordonné	
korner	İng. corner	
kozmonot	Alm. der Kosmonaut	
kozmos	Fr. cosmos	
kramp	Fr. crampe	
krater	Fr. cratère	
kreasyon	Fr. création	

uzay adamı; derişim/dikkat toplaşımı; yanardağ ağzı; uzlaşma; yapı/yapım; somut; büzüşme; sözleşme; karşı akın; denetçi; dışbükey; eş güdüm; eş güdümcü; derişik; eş güdümlü; ünsüz; köşe atışı; evren; kasınç; yaratım

Alıştırma 58

Türkçe deyimlere Almanca karşılık bulunuz!

pireyi deve yapmak	
hatasız kul olmaz	
havanın gözü yaşlı	
haydan gelen huya gider	
ağzına geleni söylemek	
ağzından baklayı çıkarmamak	
birinin ağzını burnunu dağıtmak	
ağızlara sakız oldu	
halkın ağzına düşmek	
bugünkü tavuk yarınki kazdan iyidir	
pirincin taşını ayıklamak zorunda kalmak	
bir el bir eli yıkar, iki el bir yüzü yıkar	
demir tavında dövülür	
denizde kum onda para	
bir taşla iki kuş vurmak	
bir elmanın yarısı o, yarısı bu	
zahmetsiz rahmet olmaz	
akılsız başın cezasını ayak çeker	

kein Blatt vor den Mund nehmen ; aus einer Mücke einen Elefanten machen; ohne Fleiß kein Preis; besser ein Spatz in der Hand als eine Taube auf dem Dach; wie gewonnen, so zerronnen; sein Name war in aller Munde; man muss das Eisen schmieden, solange es heiß ist; niemand ist vollkommen; jemandem die Fresse polieren; zwei Fliegen mit einer Klappe schlagen; eine Hand wäscht die andere; die Suppe auslöffeln müssen; es sieht nach Regen aus; in aller Munde sein; sich gleichen wie ein Ei dem anderen; mit etwas hinterm Busch halten; er hat Geld wie Heu; was man nicht im Kopf hat, das hat man in den Beinen/Füßen

Alıştırma 59

Batı dillerinden alıntı kelimelere Türkçe karşılık bulunuz!

laktoz	Fr. lactose	
laptop	İng. laptop	
leasing	İng. leasing	
legal	Fr. légal	
leksikograf	Fr. lexicographe	
lengüistik	Fr. linguistique	
lezbiyen	Fr. lesbienne	
libero	İt. libero	
lifting	İng. lifting	
likit	Fr. liquide	
limit	Fr. limite	
limited	İng. limited	
link	İng. link	
literatür	Fr. littérature	
logo	İng. logo	
lojik	Fr. logique	
lokavt	İng. lock-out	
long-play	İng. long-play	
lösemi	Fr. lösemi	
maç	İng. match	

kan kanseri; sözlük yazarı; edebiyat; finansal kiralama; karşılaşma; yasal; süt şekeri; dil bilimi; sevici; son adam; gerdirme; mantık; sıvı/nakit; sınır; uzunçalar; sınırlı; ilişim; imlek; iş bıraktırımı; dizüstü

Alıştırma 60

Bu, neyi tanımlıyor?

1. Antika eşya, eser satan veya toplayan kimse : ....
2. Karşı propaganda : ....
3. Karşı sav : ....
4. İçine giren toksinleri zararsız duruma getirmek için vücudun çıkardığı madde: ....
5. Gümrüklere gelen ticari eşyanın konulduğu yer : ....
6. Sığırın iki kürek kemiği arasından ve pirzolalık yerinden çıkartılan, kemiğinden sıyrılmış et dilimi : ....
7. İnsan bilimi uzmanı, insan bilimci : ....
8. Söz arasında, sırası gelmişken : ....
9. Sindirim sisteminin sonunda bulunan ve dışkının atılmasına yarayan çıkış deliği, makat, serç : ....
10. Kör barsağın ince bir parmak gibi olan son bölümü : ....
11. Birkaç katlı ve her katında bir veya birkaç daire bulunan yapı : ....
12. Konaklayanların yeme içme gereksinimlerini kendilerinin karşılıyabilmesi için odalarında veya katlarında her türlü gerecin bulunduğu otel, otel garni : ....
13. Anonim şirketlerde sermaye artırımı için yapılan ödeme çağrısı: ....
14. İki bacağın arasında kalan yer, Almancası: der Damm, der Schritt: ....
15. Subaylarda rütbeyi göstermek için üniformaların omuzlarına takılan işaretli parça, omuzluk : ....

apış arası; antipropaganda; apandis; antitez; anüs; antitoksin; antrepo; apartman; antrikot; antikacı; antropolog; antrparantez; apart otel; apel; apolet

Alıştırma 61

Batı dillerinden alıntı kelimelere Türkçe karşılık bulunuz!

lokanta	İt. locanda	
maksimal	Fr. maximale	
maksimum	Fr. maximum	
makyaj	Fr. maquillage	
malarya	İt. malaria	
mall	İng. mall	
management	İng. management	
manivela	İt. manovella	
mantalite	Fr. mentalité	
manken	Fr. mannequin	
manuel	Fr. manuel	
marina	İt. marina	
kupür	Fr. coupure	
kümülasyon	Fr. cumulation	
manometre	Fr. manomètre	
manyetik	Fr. magnetique	
marj	Fr. marge	
market maker	İng. market maker	
marina	İt. marina	
marşandiz	Fr. marchandise	

sıtma; anlayış; yük treni; aşevi/restoran; azami/en çok; yüz boyama; alışveriş merkezi; yönetim/yöneticilik; kaldıraç; model; el kitabı/elle işletilen; yat limanı; kesik; pay; kümelenme; mıknatıslı; basıölçer; piyasa kurucu

Alıştırma 62

Bu, neyi tanımlıyor?

1. Bir şeyin temel tutulan yüzünün ters yanı, **ön** karşıtı : ....
2. Birbirlerine karşı sevgi ve anlayış gösteren kimselerden her biri : ....
3. Sırt dayamaya yarayan yer: ....
4. Bir oyunda hareket ve sözlerin yanı sıra etkiyi artırmak için hafifçe çalınan müzik : ....
5. Araçların arka düzeninde yer alan tekerlek : ....
6. Arkası yere gelecek bir biçimde : ....
7. Kazı bilimci : ....
8. Kazı bilimi : ....
9. Kazı bilimsel : ....
10. Kuzey Kutbu'yla ilgili : ....
11. Birini sevindirmek, mutlu etmek, kutlamak için veya anı olarak verilen şey; hediye : ....
12. Ticaret gemisi sahibi: ....
13. Göz kapağının kenarında çıkan küçük çıban : ....
14. Arpa suyuna gastronomide verilen ad : ....

arka; arkadaş; arkalık; bira; arka müziği; arka teker; arkaüstü; arkeolog; arkeoloji; arkeolojik; arktik; armağan; armatör; arpacık

Alıştırma 63

Aşağıdaki sözlerin Almanca'daki karşılıklarını bulun!

Türkçesi	Almancası
arkalık	
arka müziği	
arpa	
arpacık	
arka kapı	
arsa	
arife	
arıza	
ara konakçı	
araba mezarlığı	
abse	
antikacı	
antipati	
apandisit	
apartman	
anons	
anlatı	
anket	
ameliyat	
alacak	
ağırlık	
ağır suç	
ağır sanayi	

das Mehrfamilienhaus; das Kapitalverbrechen; die Lehne; der Abzess; die Schwerindustrie; die Backgroundmusik; die Gerste; die Operation; der Gerstenkorn; das Baugrundstück; die Hintertür; der Vorabend; der Zwischenwirt; der Autofriedhof; der Antiquitätenhändler; die Abneigung; die Blinddarmentzündung; die Ansage/Durchsage; die Erzählung; die Umfrage; die Forderung; die Störung; das Gewicht/die Last

Alıştırma 64

Batı dillerinden alıntı kelimelere Türkçe karşılık bulunuz!

markaj	Fr. marguage	
marke	Fr. marqué	
marketing	İng. marketing	
meteorit	Fr. météorite	
marşandiz	Fr. marchandise	
palavra	İsp. palabra	
maskot	Fr. mascotte	
maskulen	Fr. masculin	
master	İng. master	
matador	Fr. matador	
materyal	Fr. matériel	
materiyalist	Fr. matérialiste	
materiyalizm	Fr. matérialisme	
matine	Fr. matinée	
matriarkal	Fr. matriarcal	
mazoşist	Fr. masochiste	
mazoşizm	Fr. masochisme	
meditasyon	Fr. méditation	
medya	İng. media	
megalomani	Fr. mégalomanie	

pazarlama; yük treni; uğurluk; boğa güreşçisi; gereç; maddeci; işaretlenmiş/belirtilmiş; maddecilik; gündüz gösterimi; anaerkil; özezer; tutma; özezerlik; dalınç; iletişim ortamı/araçları; büyüklük hastalığı; erkeksi; gök taşı; yüksek lisans; martaval/uydurma söz

Alıştırma 65

Batı dillerinden alıntı kelimelere Türkçe karşılık bulunuz!

megapol	İng. megapolis	
megastar	İng. megastar	
megastore	İng. megastore	
mekanizma	İt. meccanismo	
melodi	Fr. mélodie	
melodik	Fr. mélodique	
menajer	Fr. manager	
menecer	İng. manager	
menapoz	Fr. ménopause	
mentor	İng. mentor	
menü	Fr. menu	
meridyen	Fr. méridien	
mesaj	Fr. message	
metafizik	Fr. métaphysique	
meteoroloji	Fr. météorologie	
metodik	Fr. méthodique	
metalürji	Fr. métallurgie	
metot	Fr. méthode	
metamorfoz	Fr. métamorphose	
metropol	Fr. métropole	

yemek listesi; yöntem; boylam; başyıldız; büyük mağaza; doğa ötesi; düzenek; ezgi; ezgili; yönetici; büyükşehir; yaş dönümü ; yönder; ileti; metal bilimi; başkalaşma; hava bilgisi; yöntemli; anakent

Alıştırma 66

Bu durumda ne dersiniz?

Ölen bir kişinin akrabasını gördüğünüzde	
Sabahleyin kalktığınızda eşinize	
Yeni tanıştığınız bir kimseye	
Telefon konuşmasına başlarken	
Hastalanan veya kaza geçiren kimseye	
Hoş geldiniz'e cevap olarak	
Bir kimseden ayrılırken	
Bir yıldönümünün defalarca tekrarlanmasını dilemek için	
Arkadaşınız hapşırdığında	
Bir köpeği kovmak için	
Tatile gidenleri uğurlamak için	
Yaşanılan yıl bitip yeni yıla girildiğinde	
Akşamleyin uğurlamak için	
Uyumak için ayrılan bir kimseye	
Yemek yiyen bir kimseye	
Teşekkür ederim'e cevap olarak	
Bir kediyi çağırmak için	
Sevinçli bir olaydan dolayı bir kimseyi kutlamak için	

Hoş bulduk!; Günaydın, canım.; Memnun oldum.; Allah nice nice yıllara eriştirsin!; Alo!; Geçmiş olsun!; Hoşça kalın! veya Görüşmek üzere!; Çok yaşa!; İyi tatiller!; Hoşt!; Yeni Yılınız kutlu olsun!; İyi akşamlar!; Başınız sağ olsun!; Afiyet olsun!; Birşey değil! veya Rica ederim!; Allah rahatlık versin!; Pisi pisi!; Gözün aydın!

Alıştırma 67

Batı dillerinden alıntı kelimelere Türkçe karşılık bulunuz!

meteorolog	Fr. météorologue	
metodoloji	Fr. méthodologie	
midi	Fr. midi	
migren	Fr. migraine	
mikser	İng. mixer	
milenyum	İng. millenium	
minerolog	Fr. minérologue	
mineroloji	Fr. minérologie	
mistik	Fr. mistique	
misyon	Fr. mission	
mobilize	Fr. mobilisé	
modern	Fr. modern	
monarşi	Fr. monarchie	
monoblok	Fr. monobloc	
monogam	Fr. monogame	
monogami	Fr. monogamie	
monopol	Fr. monopole	
monoton	Fr. monotone	
motivasyon	Fr. motivation	
motive	Fr. motivé	

isteklendirme/güdüleme; tekgövde; yöntem bilimi; yarım baş ağrısı; orta; çırpıcı/karmaç; tek eşlilik; hava tahmincisi; isteklendirilmiş/güdülenmiş; binyıl; mineral bilimci; mineral bilimi; gizemci/gizemsel; görev/amaç; hareketli; çağdaş/çağcıl; tek erklik; tek eşli; tekel; tekdüze

Alıştırma 68

Batı dillerinden alıntı kelimelere Türkçe karşılık bulunuz!

multimedya	İng. multimedia	
narsist	Fr. narcissist	
nasyonalizm	Fr. nationalisme	
natür	Fr. nature	
narkotik	Fr. narcotique	
non-stop	İng. non-stop	
natürmort	Fr. nature morte	
navigasyon	Fr. navigation	
navigatör	Fr. navigateur	
nazal	Fr. nasal	
nebülöz	Fr. nébuleuse	
negatif	Fr. négatif	
numerik	Fr. numérique	
nüans	Fr. nuance	
nevropat	Fr. névropathe	
network	İng. network	
new wave	İng. new wave	
nickname	İng. nickname	
obelisk	Fr. obélisque	
obje	Fr. objet	

doğa; yönleme; genizsil; yönleyici; çoklu ortam; bulutsu; olumsuz/eksi; bilgisayar ağı; yeni dalga; milliyetçilik; takma ad; özsever; ölüdoğa; uyuşturucu; sinir hastası; duraksız; sayısal; nesne; dikili taş; ayırtı/ince ayırım

Alıştırma 69

Batı dillerinden alıntı kelimelere Türkçe karşılık bulunuz!

objektif	Fr. objectif	
observatuvar	Fr. observatoire	
oditoryum	Fr. auditorium	
odyovizüel	Fr. audio-visuel	
ofans	İng. offence	
ofansif	İng. offensive	
off-line	İng. off-line	
off-road	İng. off-road	
oksidasyon	Fr. oxydation	
okside	Fr. oxydé	
on-line	İng. on-line	
on-screen	İng. on-screen	
operasyon	Fr. opération	
operatör	Fr. opérateur	
oportünist	Fr. opportuniste	
oportünizm	Fr. opportunisme	
opsiyonel	Fr. optionel	
optimist	Fr. optimiste	
optimizm	Fr. optimisme	
organizasyon	Fr. organisation	

fırsatçı; oksijenlenmiş; iyimserlik; nesnel; büyük konferans salonu; görsel-işitsel; atak; harekât/ameliyat; atağa dayalı; çevrim dışı; arazi; oksijenlenme; çevrim içi; ekranüstü; cerrah/işletmen; fırsatçılık; isteğe bağlı; örgüt/düzenleme; gözlemevi; iyimser

Alıştırma 70

Kuş türleri - Vogelarten

Türkçesi	Almancası
ağaçkakan	
güvercin	
serçe	
karatavuk	
kartal	
bıldırcın	
martı	
atmaca	
akbaba	
leylek	
kuğu	
ördek	
papağan	
saksağan	
atmaca	
doğan	
saka	
baştankara	
muhabbet kuşu	
bülbül	
çalı kuşu	
çulluk	
kaz	
keklik	

der Wellensittich; der Adler; die Gans; der Papagei; der Specht; die Nachtigall; die Taube; der Spatz; die Amsel; die Wachtel; die Möve; der Geier; der Storch; die Ente; die Elster; der Sperber; der Schwan; der Falke; der Sperber; der Stieglitz; die Kohlmeise; der Zaunkönig; die Schnepfe; das Rebhuhn

Alıştırma 71

Batı dillerinden alıntı kelimelere Türkçe karşılık bulunuz!

organizatör	Fr. organisateur	
organize	Fr. organisé	
orijinal	Fr. original	
otoban	Alm. die Autobahn	
otobiyografi	Fr. autobiographie	
otobiyografik	Fr. autobiographique	
otodidakt	Fr. autodidacte	
otokontrol	Fr. autocontrôle	
otokritik	Fr. autocritique	
otomatik	Fr. automatique	
otomasyon	Fr. automation	
otonom	Fr. autonome	
otonomi	Fr. autonomie	
otorizasyon	Fr. autorisation	
pakt	Fr. pacte	
pandül	Fr. pendule	
panel	Fr. panel	
panorama	Fr. panorama	
panoramik	Fr. panoramique	
paralel	Fr. parallèlle	

özerk; antlaşma; örgütlü/düzenli/düzenleme; genel görünüm; otoyol; öz yaşam öyküsü; özgün; öz yaşam öyküsüne dayalı; öz öğrenimli; öz denetim; öz eleştiri; özişler; düzenleyici ; özişlerlik; özerklik; yetkilendirim; sarkaç; açık oturum; genel görünümlü; koşut

Alıştırma 72

Aşağıdaki sözlerin Almanca'daki karşılıklarını bulun!

Türkçesi	Almancası
öz belirtim	
öz beslenme	
öz denetim	
öz eleştiri	
öz bağışıklık	
özel hayat	
özel ad	
özel baskı	
özel çıkar	
özel mülkiyet	
özel okul	
özel radyo	
özel yaşam alanı	
öz geçmiş	
öz güven	
öz kaynaklar	
öz öğrenim	
öz saygı	
özsermaye	
özseverlik	
özveri	
öz yaşam öyküsü	
öz yönetim	

der Privatsender; die Selbstverwaltung; die Autotrophie; die Selbstbestimmung; die Selbstkontrolle; die Abwehrkräfte; der Eigenname; das Pivatinteresse/Eigeninteresse; das Privateigentum; die Privatschule; die Privatsphäre; die Selbstachtung; der Lebenslauf; das Selbstvertrauen; die Eigenmittel; das Privatleben; das Selbststudium/der Selbstunterricht; das Eigenkapital; die Eigenliebe/der Narzissmus; die Selbstkritik; die Hingabe/die Aufopferung; die Autobiografie; der Sonderdruck

Alıştırma 73

Batı dillerinden alıntı kelimelere Türkçe karşılık bulunuz!

parazit	Fr. parasite	
parazitoloji	Fr. parasitologie	
paradoks	Fr. paradoxe	
partikül	Fr. particule	
partner	İng. partner	
parttaym	İng. part-time	
part-time	İng. part-time	
pasör	Fr. passeur	
patchwork	İng. patchwork	
patent	Fr. patent	
patetik	Fr. pathétique	
patriarkal	Fr. patriarcal	
pedagog	Fr. pédagogue	
pedagoji	Fr. pédagogie	
pedagojik	Fr. pédagogique	
penaltı	İng. penalty	
perfeksiyonist	Fr. perfectioniste	
performans	Fr. performance	
periyodik	Fr. périodique	
perspektif	Fr. perspective	

eğitimsel; aykırı düşünce; asalak bilimi; eş/ortak; yarım gün; pasçı; buluş belgesi; kırkyama; dokunaklı/etkili; ataerkil; eğitimci; parçacık; eğitim bilimi; ceza atışı; mükemmeliyetçi/yetkinci; süreli; bakış açısı/görünge; asalak; başarım

Alıştırma 74

Aşağıdaki cümleleri Almanca'ya çevirin!

1.	Arzu'nun yüzü bembeyaz oldu.
Alm.	
2.	Umut hemen kadının imdadına yetişti.
Alm.	
3.	Günler çok çabuk geçti.
Alm.	
4.	Umut bir karara vardı.
Alm.	
5.	Arzu çok heyecanlıydı.
Alm.	
6.	Babasının çok hasta olduğu haberini almıştı.
Alm.	
7.	Babası felç geçirmişti.
Alm.	
8.	Ölüm döşeğinde yatan babasının bu isteğini geri çeviremedi.
Alm.	
9.	Nergis hayat hikâyesini Umut'a anlatmaya başladı.
Alm.	
10.	Nergis onu hiç beğenmemişti.
Alm.	

Er konnte diesen Wunsch seines Vaters, der im Sterben lag, nicht ausschlagen. .; Nergis hatte ihn überhaupt nicht gemocht; Nergis begann, Umut ihre Lebensgeschichte zu erzählen.; Die Tage vergingen sehr schnell.; Umut eilte umgehend der Frau zur Hilfe; Umut traf eine Entscheidung.; ; Arzu war sehr aufgeregt.; Arzus Gesicht wurde kreidebleich; Er hatte die Nachricht bekommen, dass sein Vater sehr krank ist.; Sein Vater hatte einen Schlaganfall erlitten.

Alıştırma 75

Batı dillerinden alıntı kelimelere Türkçe karşılık bulunuz!

pipe-line	İng. pipe-line	
peruk	Fr. perruque	
peruka	İt. parrucca	
pesimist	Fr. pesimiste	
plaj	Fr. plage	
pesimizm	Fr. pesimisme	
planet	Fr. planète	
planetaryum	Fr. planétarium	
pinpon	İng. ping-pong	
plasman	Fr. placement	
payplayn	İng. pipe-line	
playmaker	İng. playmaker	
play-off	İng. play-off	
plaza	İsp. plaza	
polemik	Fr. polémique	
plonjon	Fr. plongeon	
plüralist	Fr. pluraliste	
poligon	Fr. polygone	
popülarite	Fr. popularité	
polarizasyon	Fr. polarisation	

kumsal; gezegen; gökevi; yatırım; oyun kurucu; üst küme; iş merkezi; dalış; çoğulcu/çokçu; kutuplanma/polarma; takma saç; kötümser; kötümserlik; masa tenisi; boru hattı; tutulma; atış yeri/çokgen; söz dalaşı/kalem kavgası

Alıştırma 76

Batı dillerinden alıntı kelimelere Türkçe karşılık bulunuz!

pozisyon	Fr. position	
pozitif	Fr. positif	
polen	Fr. pollen	
popülasyon	Fr. population	
pratisyen	Fr. praticien	
popülist	Fr. populiste	
prensip	Fr. principe	
pres	Fr. presse	
prestij	Fr. prestige	
prezantasyon	Fr. présentation	
prime time	İng. prime time	
primitif	Fr. primitif	
popülizm	Fr. populisme	
printer	İng. printer	
poşet	Fr. pochette	
problem	Fr. problém	
problematik	Fr. problématique	
prodüksiyon	Fr. production	
prodüktivite	Fr. productivité	
prodüktör	Fr. producteur	

halk yardakçısı; düz hekim; ilke; sorunsal; baskı; saygınlık; konum/durum; tanıtma/sunum; altın saatler; ilkel; yazıcı; sorun; yapım/üretim; olumlu/artı; üretkenlik; yapımcı/üretici; nüfus; halk yardakçılığı; çiçek tozu; torba

Alıştırma 77

Batı dillerinden alıntı kelimelere Türkçe karşılık bulunuz!

profil	Fr. profil	
projeksiyon	Fr. projection	
projektör	Fr. projecteur	
promosyon	Fr. promotion	
prosedür	Fr. procédure	
proses	İng. process	
prospektüs	Fr. prospectus	
protez	Fr. prothése	
provokasyon	Fr. provocation	
provokatör	İt. provocateur	
prömiyer	Fr. première	
psikolog	Fr. psychologue	
psikoloji	İng. psychologie	
psikolojik	Fr. psychologique	
pusula	İt. bussola	
puzzle	İng. puzzle	
radyoaktif	Fr. radioaktif	
rasist	Fr. raciste	
rating	İng. rating	
reaksiyon	Fr. réaction	

ruh bilimi; kışkırtmacı; iz düşümü; ırkçı; yapboz; yansıtım aygıtı; tepki/tepkime; özendirme; değerlendirme; yanay/yandan görünüş; işlem/yöntem; süreç; tanıtmalık; takma; kışkırtma; ilk gösteri; ruh bilimci; yön belirteci; ruh bilimsel; ışınetkin

Alıştırma 78

Aşağıdaki cümleleri Almanca'ya çevirin!

1.	Arzu pencereden bakarken Umut'un geldiğini görmüştü.
Alm.	
2.	Hemen koridora çıktı ve onunla karşılaştı.
Alm.	
3.	Birbirlerine hal ve hatır sordular.
Alm.	
4.	Bir kızı vardı; fakat bunu Nergis'e nasıl söyleyecekti?
Alm.	
5.	Onu çok sevdiği için onu üzmekten çok korkuyordu.
Alm.	
6.	Umut'un gelmesini dört gözle bekleyen Nergis, üzgündü.
Alm.	
7.	Umut'un kendisinden uzaklaştığını hissediyordu.
Alm.	
8.	Umut onun ilk aşkı idi.
Alm.	
9.	Arzu çok gururlu idi.
Alm.	
10.	Umut onun aşkına ihanet etmişti.
Alm.	

Sie spürte, wie Umut sich von ihr distanzierte.; Sie fragten sich gegenseitig nach dem Befinden.; Sie ging sofort in den Flur und begegnete ihn; Als Arzu aus dem Fenster schaute, sah sie, dass Umut gekommen sei. ; Umut hatte ihre Liebe verraten.; Er hatte eine Tochter, aber wie sollte er das Nergis sagen?; Er hatte Angst, sie zu verletzen, weil er sie so sehr liebte.; Umut war ihre erste Liebe.; Nergis, die sehnsüchtig auf die Rückkehr Umuts wartete, war traurig.; Arzu war sehr stolz.

Alıştırma 79

Batı dillerinden alıntı kelimelere Türkçe karşılık bulunuz!

realite	Fr. réalité	
reel	Fr. réel	
referandum	Fr. référendum	
referans	Fr. référence	
refleks	Fr. réflexe	
realist	Fr. réaliste	
refüj	Fr. refuge	
rezervasyon	Fr. réservation	
roaming	İng. roaming	
rotasyon	Fr. rotation	
rötar	Fr. retard	
rejisör	Fr. régisseur	
rekonstruksiyon	Fr. reconstruction	
remiks	İng. remix	
reorganizasyon	Fr. réorganisation	
repertuvar	Fr. répertoire	
reprodüksiyon	Fr. reproduction	
resepsiyon	Fr. réception	
reseptör	Fr. récepteur	
resesif	Fr. récessif	

gerçek; halk oylaması; orta kaldırım; tavsiye (mektubu); tepke; yeniden kurma; yeniden örgütlenme; yeniden yapım; kabul yeri/töreni; gerçeklik; gerçekçi; ayırtma; dolaşım ortaklığı; yer değiştirme; çekinik; gecikme; yönetmen; bindirim; almaç; birikim/dağarcık

Alıştırma 80

Batı dillerinden alıntı kelimelere Türkçe karşılık bulunuz!

sabotaj	Fr. sabotage	
sadist	Fr. sadique	
sadizm	Fr. sadisme	
salamanje	Fr. salle à manger	
salvo	İt. salvo	
sanitasyon	Fr. sanitation	
sansür	Fr. censure	
santra	Fr. centre	
santrfor	İng. centre-forward	
santrifüj	Fr. centrifuge	
satir	Fr. satire	
science-fiction	İng. science-fiction	
scoreboard	İng. scoreboard	
seans	Fr. séance	
seksiyon	Fr. section	
seksüel	Fr. sexuel	
sekunder	Alm. sekundär	
seleksiyon	Fr. sélection	
self-servis	İng. self-service	
sembol	Fr. symbole	

cinsel; elezer; yemek odası; sıkı denetim; orta yuvarlak; merkezkaç; orta uç oyuncusu; yergi; yaylım ateş; bilim kurgu; baltalama; sağlıklama; sayı göstergesi; oturum/gösterim; bölüm; ikincil; seçme/ayıklanma; seçal; elezerlik; simge

Alıştırma 81

Batı dillerinden alıntı kelimelere Türkçe karşılık bulunuz!

sembolik	Fr. symbolique	
sembolist	Fr. symboliste	
sembolizm	Fr. symbolisme	
sempati	Fr. sympathie	
sempatik	Fr. sympathique	
sempatizan	Fr. sympathisant	
sempozyum	Fr. symposium	
semptom	Fr. symptôme	
senkron	Fr. synchrone	
senkroni	Fr. synchronie	
senkronik	Fr. synchronique	
senkronizasyon	Fr. synchronisation	
sensör	İng. sensor	
sentaks	Fr. syntaxe	
sentaktik	Fr. syntactique	
sentetik	Fr. synthétique	
septik	Fr. sceptique	
seremoni	Fr. cérémonie	
sertifikasyon	Fr. certification	
server	İng. server	

eş zamanlı; simgecilik; sıcakkanlı; bilgi şöleni; eş zaman; duyarga; eşleme; sıcakkanlılık; söz dizimi; duygudaş; söz dizimsel; simgeci; yapay/bileşimli; kuşkucu; tören; onaylama; simgesel; belirti; eş zamanlılık; sunucu

Alıştırma 82

Batı dillerinden alıntı kelimelere Türkçe karşılık bulunuz!

sezon	Fr. saison	
shower screen	İng. shower screen	
sibernetik	Fr. cybernétique	
siesta	İsp. siesta	
sifilis	Fr. syphilis	
silüet	Fr. silhouette	
simetri	Fr. symétrie	
simetrik	Fr. symétrique	
simultane	Fr. simultané	
simülasyon	Fr. simulation	
simülatör	Fr. simulateur	
sinerji	Fr. synergie	
single	İng. single	
sinonim	Fr. synonyme	
sinyal	Fr. signal	
sirkülasyon	Fr. circulation	
sirküler	Fr. circulaire	
sismolog	Fr. sismologue	
sismoloji	Fr. sismologie	
sitoloji	Fr. cytologie	

deprem bilimci; güdüm bilimi; duş kabini; frengi; karaltı/gölge; bakışımlı; anında; benzetim/öğrence; öğrencelik; artı güç/görevdaşlık; tekli; eş anlamlı; dolanım/dolaşım; genelge; deprem bilimi; hücre bilimi; mevsim; bakışım; öğle uykusu; çevir sesi

Alıştırma 83

Türkçe deyimlere Almanca karşılık bulunuz!

balık baştan kokar	
Aşkın gözü kördür	
Gülü seven dikenine katlanır	
vakit nakittir	
ne ekersen onu biçersin	
son gülen iyi güler	
havlayan köpek ısırmaz	
sabır acıdır meyvesi tatlıdır	
akmasa da damlar	
dikensiz gül olmaz	
acele işe şeytan karışır	
Akşam olmadan gün övünmez	
Sabrın sonu selamettir.	
Bunu Mısır'daki sağır sultan bile duydu.	
sırça köşkte oturan komşusuna taş atmamalı	
suyu görmeden paçaları sıvamak	
su testisi su yolunda kırılır	
Bugünün işini yarına bırakma!	

wer im Glashaus sitzt, soll nicht mit Steinen werfen; Eile mit Weile; was du säst, wirst du ernten; Liebe macht blind; Zeit ist Geld; wer zuletzt lacht, lacht am besten; bellende Hunde beißen nicht; Geduld ist bitter, aber sie trägt süße Früchte; Kleinvieh macht auch Mist; keine Rose ohne Dornen; der Fisch stinkt vom Kopf her; Man soll den Tag nicht vor den Abend loben.; Mit Geduld und Spucke fängt man eine Mucke.; über ungelegte Eier gackern; der Krug geht solange zum Brunnen, bis er bricht; wer die Rose liebt, erträgt auch ihren Dorn; Das pfeifen die Spatzen von den Dächern.; Was du heute kannst besorgen, verschiebe nicht auf Morgen!

Alıştırma 84

Batı dillerinden alıntı kelimelere Türkçe karşılık bulunuz!

ski	İng. ski	
skor	İng. score	
slayt	İng. slide	
snack	İng. snack	
snobizm	Fr. snobisme	
snop	Fr. snob	
software	İng. software	
solaryum	Fr. solarium	
solidarist	Fr. solidariste	
solidarizm	Fr. solidarisme	
sorti	Fr. sortie	
sosyalist	Fr. socialiste	
sosyalizasyon	Fr. socialisation	
sosyalizm	Fr. socialisme	
sosyolog	Fr. sociologue	
sosyoloji	Fr. sociologie	
sömestir	Fr. semestre	
spektroskop	Fr. spectroscope	
spektrum	İng. spectrum	
spekülasyon	Fr. spéculation	

atıştırmalık; züppelik; yazılım; güneşletici; dayanışmacılık; çıkış; toplumcu; dayanışmacı;toplumsallaştırma; sonuç/sayı; toplumculuk; kayak; toplum bilimci; saydam; toplum bilimi; yarıyıl; tayfölçer; çeşitlilik; züppe; vurgunculuk

Alıştırma 85

Bu, neyi tanımlıyor?

1. Motorun hareketinden elektrik üreten parça.
2. Silindir içindeki hava yakıt karışımının yanması için bujinin kıvılcım üretmesi.
3. Bujilerin kıvılcım üretme sırası.
4. Motorun en iyi çalışabilmesi için yapılan motor ayarları.
5. Motor tarafından üretilen gücün birimi.
6. Pedalla harekete geçirilen ve motorla vites kutusunun bağlantısını keserek vites değiştirilmesini sağlayan sistem.
7. Otomobil viraj alırken iç ve dış tekerleklerin farklı hızlarda dönmesini sağlayan dişli çark sistemi.
8. Tekerleklerin üzerinde döndüğü çubuk.
9. Bujilerin doğru zamanda ateşlemelerini sağlamak için onlara elektrik dağıtımı yapan sistem.
10. Tekerlekler yolu iyi tutamadığı zaman, özellikle kaygan ve buzlu yollarda oluşan kayma.
11. Motora hava yakıt karışımının girişinive yanmış gazların motordan çıkışını denetleyen parça.
12. Bir yüzeyin diğerine sürtünmesi sırasında oluşan direnç.
13. Motor hareketini motoru soğutan vantilatöre ve alternatöre ileten kayış.
14. Birbirine sürtünen yüzeylerin yağ gibi kayganlık sağlayan bir sıvı ile kaplanması. Bu işlem sayesinde sürtünme azalır.
15. Ateşleme sisteminde bobinden distribütöre ve distribütörden bujilere elektrik taşıyan özel kablo.

distribütör; yağlama; ateşleme; alternatör/dinamo; ateşleme sırası; beygirgücü; debriyaj; ayarlama; diferansiyel; sürtünme; dingil; patinaj; supap; vantilatör kayışı; yüksek gerilim kablosu.

Alıştırma 86

Aşağıda Almanya'da doğmuş büyümüş Türk kökenli iki arkadaşın bir konuşması var. Bu konuşmayı Almanca'dan arındırarak Türkiye'de doğmuş büyümüş iki Türk'ün konuşacağı bir Türkçe ile yeniden yazınız.

Yarın Jale elf Uhr'da bana gelecek. İlkönce Hausaufgaben yapacağız. Montag Klausur var. Klausur için öğreneceğiz. Saat birde Mittagessen var. Yemekten sonra ben Klavier, Jale de Geige spielen yapacak. Klassische Musik yapacağız. Ondan sonra Geografie öğreneceğiz. Avrupa Länderlerinin Hauptstadtlarını auswendig öğreneceğiz. Mesela Ungarn'ın Hauptstadtı Budapest. Bu kolay. Peki, Österreich'in Hauptstadtı ne? Veya Zagreb hangi Landın Hauptstadtı? Kroatien, galiba. Ich bin mir aber nicht sicher. İşte, bunları öğrendikten sonra Kinoya gideceğiz.

Alıştırma 87

Batı dillerinden alıntı kelimelere Türkçe karşılık bulunuz!

spekülatif	Fr. spéculatif	
spekülatör	Fr. spéculateur	
spesifik	Fr. spécifique	
spesiyal	Fr. spécial	
spesiyalist	Fr. spécialiste	
spesiyalite	Fr. spécialité	
spiritüalizm	Fr. spiritualisme	
spiritüel	Fr. spirituel	
sponsor	İng. sponsor	
spontane	Fr. spontané	
spontaneizm	Fr. spontanéisme	
spot	İng. spot	
squash	İng. squash	
stabil	Fr. stable	
stabilizasyon	Fr. stabilisation	
stabilizatör	Fr. stabilisateur	
stabilize	Fr. stabilisé	
stalagmit	Fr. stalagmit	
stalaktit	Fr. stalactite	
standart	Fr. standard	

vurguncu; özgül; özel; uzman; özellik; tinselcilik; tinsel; destekleyici; duvar topu; anında yapılan/kendiliğinden; dikit; kendiliğindenlik; tanıtımcık/peşin/ışıntı; sağlam/dayanıklı/kararlı; istikrar; dengeleyici; istikrarlı; sarkıt; ölçünlü

Alıştırma 88

Bu, Almanca'da ne demek? Wie heißt das auf Deutsch?

Türkçesi	Almancası
1. seçenek	
2. uzman	
3. distribütör	
4. yüksek gerilim	
5. ateşleme	
6. sürtünme	
7. dayanışma	
8. halk oylaması	
9. dikkat toplaşımı	
10. su testisi	
11. varsayım	
12. malvarlığı	
13. bilezik	
14. ruhsal gerilim	
15. tinsel	
16. hoşgörü	
17. kötücül yazılım	
18. dikdörtgen	
19. çalışma hayatı	
20. bakanlık	
21. çalışma kampı	
22. piyasa ekonomisi	
23. pişmanlık	

die Hypothese; die Reue; spirituell; der Verteiler; der Spezialist/Fachmann; die Hochspannung; das Referendum; die Alternative; die Konzentration; die Toleranz; der Wasserkrug; das Vermögen; der Stress; der Armreif; die Solidarität; die Schadsoftware; das Rechteck; das Arbeitsleben; die Reibung; das Ministerium; das Arbeitslager; die Marktwirtschaft; die Zündung

Alıştırma 89

Batı dillerinden alıntı kelimelere Türkçe karşılık bulunuz!

stant	İng. stand	
star	İng. star	
start	İng. start	
steril	Fr. stérile	
sterilizasyon	Fr. stérilisation	
stérilisé	Fr. stérilisé	
sticker	İng. sticker	
stil	Fr. style	
stilist	Fr. styliste	
stilistik	Fr. stylistique	
stok	İng. stock	
stopaj	Fr. stoppage	
strateji	Fr. stratégie	
stratejik	Fr. stratégique	
stratejist	Fr. stratégiste	
stratosfer	Fr. stratosphére	
stres	İng. stress	
stretching	İng. stretching	
strüktür	Fr. structure	
strüktüralist	Fr. structuraliste	

gergevşet; yıldız; arınık/kısır; sergilik; üslup/biçem; giyimçizer; anlatım bilimi; yığılım/yığımlık; ön kesinti; izlem; arınık/kısırlaştırılmış; izlemsel; çıkış/başlama; izlemci; kat yuvarı; ruhsal gerilim; yapı; yapısalcı; arınıklık; çıkartma

Alıştırma 90

Batı dillerinden alıntı kelimelere Türkçe karşılık bulunuz!

strüktüralizm	Fr. structuralisme	
strüktürel	Fr. structurel	
suare	Fr. soirée	
subasman	Fr. soubassement	
subjektif	Fr. subjectif	
subjektivist	Fr. subjectiviste	
subjektivite	Fr. subjektivité	
subjektivizm	Fr. subjektivisme	
sübvanse	Fr. subvenir'den	
sübvansiyon	Fr. subvention	
süje	Fr. sujet	
sürnaturalist	Fr. surnaturaliste	
sürnaturalizm	Fr. surnaturalisme	
sürpriz	Fr. surprise	
sürrealist	Fr. surréaliste	
sürrealizm	Fr. surréalisme	
şarj	Fr. charge	
şnorkel	Alm. der Schnorchel	
şoför	Fr. chauffeur	
şov	İng. show	

gerçeküstücü; sürücü; gece gösterimi; öznel; oturmalık; öznelci; öznellik; yapısalcılık; para ile destekleme; konu/özne; doğaüstücü; yapısal; para ile desteklenmiş; doğaüstücülük; şaşırtıcı; gerçeküstücülük; öznelcilik; yükleme; solukluk; gösteri

Alıştırma 91

Batı dillerinden alıntı kelimelere Türkçe karşılık bulunuz!

şovmen	İng. showman	
şvester	Alm. die Schwester	
tabildot	Fr. table d'hôte	
taç	İng. touch	
takigraf	Fr. tachygraphe	
tandans	Fr. tendance	
tansiyometre	Fr. tensiomètre	
tansiyometri	Fr. tensiomètrie	
tekst	Fr. texte	
tekstil	Fr. textile	
telekinezi	Fr. télékinésie	
telekomünikasyon	Fr. télécommunication	
telepati	Fr. télépathie	
tenis	İng. tennis	
teokrasi	Fr. théocratie	
teolog	Fr. théologue	
teoloji	Fr. théologie	
teori	Fr. théorie	
teorik	Fr. théorique	
teorisyen	Fr. théoricien	

hemşire; gerilimölçer; seçmesiz yemek; yan; hızölçer; tanrı bilimi; eğilim; gerilim ölçümü; uza duyum; metin; dokuma; uza devim; alan topu; din erki; tanrı bilimci; kuram; kuramsal; gösteri adamı; uz iletişim; kuramcı

Alıştırma 92

Bu, Almanca'da ne demek? Wie heißt das auf Deutsch?

Türkçesi	Almancası
1. mülkiyet	
2. yargıç	
3. savcılık	
4. dava	
5. davacı	
6. davalı	
7. yargı gücü	
8. yasama gücü	
9. yürütme gücü	
10. ticaret odası	
11. tutukluluk	
12. hakem	
13. ispat yükü	
14. delillerin toplanması	
15. sürücü belgesi	
16. tazminat	
17. manevi tazminat	
18. babalık davası	
19. eşya hukuku	
20. istinaf	
21. temyiz	
22. miras hukuku	
23. pişmanlık	

die Untersuchungshaft; die Staatsanwaltschaft; der Richter; die Legislative; die Klage; der Kläger/Antragsteller; der Beklagte/Antragsgegner; die Exekutive; die Reue; die Handelskammer; das Eigentum; der Schiedsrichter; die Beweislast; die Beweiserhebung; der Schadenersatz; die Judikative; der Führerschein; das Schmerzensgeld; die Vaterschaftsklage; die Berufung; das Sachenrecht; die Revision; das Erbrecht

Alıştırma 93

Batı dillerinden alıntı kelimelere Türkçe karşılık bulunuz!

terapi	Fr. thérapie	
terapist	Fr. thérapist	
termik	Fr. thermique	
terminoloji	Fr. terminologie	
termometre	Fr. thermomètre	
termostat	Fr. thermostat	
termoterapi	Fr. thermothérapie	
terör	Fr. terreur	
terörist	Fr. terroriste	
terörizm	Fr. terrorisme	
tersane	İt. tersana	
tersiyer	Fr. tertiaire	
think-tank	İng. think-tank	
timing	İng. timing	
tiner	İng. thinner	
tiraj	Fr. tirage	
tire	Fr. tiret	
titr	Fr. titre	
tolerans	Fr. tolérence	
tolkşov	İng. talk show	

yıldırıcılık; hoşgörü; tedavici; terimler dizgesi; ısıdenetir; zamanlama; ısı tedavisi; yıldırı; gemilik; tedavi; üçüncül; beyin takımı; inceltici; ısıl; yıldırıcı; baskı sayısı; kısa çizgi; sıcaklıkölçer; san; söz gösterisi

Alıştırma 94

Bu, Almanca'da ne demek? Wie heißt das auf Deutsch?

Türkçesi	Almancası
1. arz	
2. açık liman	
3. talep	
4. bütçe	
5. işletme	
6. büyük işletme	
7. ambargo	
8. kuruluş sermayesi	
9. ticaret sicili	
10. abluka	
11. varma limanı	
12. sipariş	
13. pazar payı	
14. istihdam	
15. meslek eğitimi	
16. alacak	
17. alacaklı	
18. dinlenme hakkı	
19. vergi beyannamesi	
20. yönetim kurulu	
21. şirket	
22. tam istihdam	
23. ambalaj	

die Gesellschaft; die Blockade; die Steuererklärung; der Gläubiger; die Beschäftigung; das Angebot; der Freihafen; die Nachfrage; der Haushalt; das Unternehmen; das Embargo; das Gründungskapital; das Handelsregister; der Bestimmungshafen; die Bestellung; die Berufsausbildung; der Marktanteil; die Forderung; der Erholungsanspruch; der Vorstand; die Vollbeschäftigung; das Großunternehmen; die Verpackung

Alıştırma 95

Batı dillerinden alıntı kelimelere Türkçe karşılık bulunuz!

tonmayster	Alm. der Tonmeister	
topless	İng. topless	
total	Fr. total	
trade center	İng. trade center	
tradisyon	Fr. tradition	
tradisyonel	Fr. traditionel	
transfer	Fr. transfert	
trajedi	Fr. tragèdie	
trafo	Alm. der Trafo	
transformasyon	Fr. transformation	
transformatör	Fr. transformateur	
transfüzyon	Fr. transfusion	
transkripsiyon	Fr. transcription	
transliterasyon	Fr. translitération	
transparan	Fr. transparent	
transplantasyon	Fr. transplantation	
transporter	İng. transporter	
travers	Fr. traverse	
travma	Fr. trauma	
travmatoloji	Fr. traumatologie	

dönüştürücü; gelenek; ticaret merkezi; üstsüz; bütünsel; dönüşüm; geleneksel; taşıma/aktarma/alma; ağlatı; kan aktarımı; harf çevirisi; saydam; Ses yönetmeni; organ nakli; yükçeker; tabanlık; sarsıntı; çeviri yazı;sarsıntı bilimi

Alıştırma 96

Batı dillerinden alıntı kelimelere Türkçe karşılık bulunuz!

trekking	İng. trekking	
trend	İng. trend	
tretuvar	Fr. trottoir	
tribün	Fr. tribune	
triloji	Fr. trilogie	
trio	İt. trio	
tripleks	Fr. triplex	
triportör	Fr. triporteur	
tubeless	İng. tubeless	
tüberküloz	Fr. tuberculose	
tümör	Fr. tumeur	
türbülans	Fr. turbulence	
ultrason	Fr. ultrason	
ultraviyole	Fr. ultraviolet	
urbanizm	Fr. urbanisme	
uskur	İng. screw	
üniversal	Fr. universal	
ütopik	Fr. utopique	
valf	İng. valve	
valör	Fr. valeur	

üçteker; imor ötesi; evrensel; ur; sekilik; eğilim; yaya kaldırımı; doğa yürüyüşü; vana; üçleme; üçlü; çsiz; verem; burgaç; yansılanım; şehircilik; üç katlı; pervane; hayalî; değer/geçerlik

Alıştırma 97

Batı dillerinden alıntı kelimelere Türkçe karşılık bulunuz!

valüasyon	Fr. valuation	
vantrilok	Fr. ventrilogue	
vejetaryen	Fr. végétarien	
vejetasyon	Fr. végétation	
velur	Fr. velours	
vibrasyon	Fr. vibration	
viraj	Fr. virage	
viyadük	Fr. viaduc	
vizör	Fr. viseur	
vokabüler	Fr. vocabulaire	
vokal	Alm. der Vokal	
volkan	Fr. volcan	
volontarizm	Fr. volontarisme	
volüm	İng. volume	
web	İng. web	
webmaster	İng. webmaster	
workshop	İng. workshop	
zoolog	Fr. zoologue	
zooloji	Fr. zoologie	
zum	İng. zoom	

ağ yöneticisi; hayvan bilimi; karnından konuşan; değerleme; etyemez; kadife; titreşim; dönemeç; köprü yol; bakaç; söz varlığı; ünlü; yanardağ; istenççilik; ses düzeyi/ses; ağ; bitki örtüsü; çalıştay; hayvan bilimci; optik kaydırma

Alıştırma 98

Bilmece

	1	2	3	4	5	6	7	8	9	10	11	12	13	14	15
1															
2															
3															
4															
5															
6															
7															
8															
9															

Yukarıdan aşağıya

1.bey karşıtı; 2.ayının mağaramsı yuvası veya bin emrinin tersi; 4.yüz santimetrelik uzaklık; 5.bir varmış bir .....; kırmızı veya ver emrinin tersi; 7.dokuzu takip eden sayı; 8.deyiş, anlatım, ifade, terim; 9.ön kelimesinin tersi; 10.kâğıda sarılarak veya bir kutuya konularak satılan veya postayla gönderilen nesne; 11.kasaplık hayvanlardan sağlanan besin maddesi; 12.kaynatılıp kurutulduktan sonra ve kabuğu çıkarıldıktan sonra kırılan buğday; 13.Türkçe'de beyaz; 15.alkollü içkilere aşırı derecede düşkün veya bağımlı olan kimse

Soldan sağa

1.öykü, arabayı süren kimse; 2.zamanın bölünemeyecek kadar kısa bir parçası; 3.Güney Amerika'nın dağlık bölgelerinde yaşayan, yük hayvanı olarak kullanılan, geviş getiren, kızınca tüküren, boynu uzun hayvan; 4.sıcaklık; ay ışığı; 5.bir soru eki; karşıtı yakın; 6.dörtten sonra gelir; evli olmayan; 8.hastanın dinlenmesi gerektiğini gösteren yazı; bir kolun iki ucuna asılı iki kefeden oluşan tartı; 9.umumi

Alıştırma 99

Bilmece

	1	2	3	4	5	6	7	8	9	10	11	12	13	14	15
1															
2															
3															
4															
5															
6															
7															
8															
9															

Yukarıdan aşağıya

1.kazı bilimi; 3.yalıtım maddesiyle kaplı bir metal kılıf içine yerleştirilen , aralarında hava boşluğu bulunan çift çeperli cam şişeden oluşan, içine konan sıvının sıcaklığını uzun süre koruyan kap; 4.insan ve memeli hayvanların vücüdunda asalak olarak yaşayan, kan emen küçük böcek; 5.Fransızca'dan Türkçe'ye girmiş, affedersiniz, özür dilerim anlamında kullanılan bir söz; 6.yemeklerin üzerine dökülen, domates, salça, baharat vb. ile yapılan terbiye; 7.Ekvatora paralel iki dönence arasında kalan bölge ve bu bölgeyle ilgili; 8.sporda takımların durumları göz önüne alınarak belli sayıda takımdan oluşturulan topluluk; 9.adele; dokuzdan sonra gelen sayı; 11.sporda çalıştırıcı; 12.arka karşıtı; 13.Almancası: die Maulbeere; 14.hastanın eczaneden ilaç alabilmesi için hekimin yazdığı yazı; kırmızı

Soldan sağa

1.sevimsiz/soğuk; giriş; 3.Bir iş veya sorun hakkında düşünülerek verilen kesin yargı; oksijenin bir element ile birleşmesiyle oluşan madde; 4.meyveleri şekerle kaynatarak hazırlanan tatlı; 5.bir motor ile hareket eden taşıt; 6.pislik; sebep; 7.toprak üstündeki bölümleri odunlaşmayıp yumuşak kalan, ilk baharda bitip bir iki mevsim sonra kuruyan küçük bitkilere verilen ad; 8.gecikme; 9.taklit

Lösungen – Çözümler

Alıştırma 1

1. sene	yıl	das Jahr
2. elbise	giysi	die Kleidung
3. isim	ad	der Name/der Vorname
4. imtihan	sınav	die Prüfung
5. rüya	düş	der Traum
6. enteresan	ilginç	interessant
7. şehir	kent	die Stadt
8. mesela	örneğin	zum Beispiel
9. siyah	kara	schwarz
10. beyaz	ak	weiß
11. sonbahar	güz	der Herbst
12. hâl	durum	der Zustand/die Stellung
13. müsaade	izin	die Erlaubnis
14. nehir	ırmak	der Fluss
15. kıymet	değer	der Wert
16. kâfi	yeterli	genug/genügend
17. lûgat	sözlük	das Wörterbuch
18. vakit	zaman	die Zeit
19. hüviyet	kimlik	der Ausweis
20. hürriyet	özgürlük	die Freiheit
21. hafıza	bellek	das Gedächnis/der Speicher
22. vasıta	araç	das Mittel
23. asır	yüzyıl	das Jahrhundert
24. tenzilat	indirim	die Ermäßigung
25. hisse	pay	der Anteil
26. şahıs	kişi	die Person
27. aktualite	güncellik	die Aktualität

Alıştırma 2

aberasyon	Fr. aberration	sapınç
abone	Fr. abonné	sürdürümcü
absorbe	Fr. absorbé	soğurma
abstraksiyon	Fr. abstraction	soyutlama
abstre	Fr. abstrait	soyut
absürt	Fr. absurde	saçma
adapte	Fr. adapté	uyarlanmış
adaptör	Fr. adapteur	uyarlayıcı
adisyon	Fr. addition	hesap
afiş	Fr. affiche	ası
agorafobi	Fr. agoraphobie	alan korkusu
agrega	Fr. agrégat	katışmaç
agresif	Fr. agresif	saldırgan
akrobasi	Fr. acrobatie	cambazlık
akrobat	Fr. acrobate	cambaz
aks	Fr. axe	dingil
aktivite	Fr. activité	etkinlik
aktualite	Fr. actualité	güncellik
aktüel	Fr. actuel	güncel
akut	Alm. akut	iveğen

Alıştırma 3

1.	fren	die Bremse
2.	diskli fren	die Scheibenbremse
3.	el freni	die Handbremse
4.	fren balatası	der Bremsklotz
5.	fren pedalı	das Bremspedal

6. fren izi	die Bremsspur
7. fren mesafesi	der Bremsweg
8. fren ışığı	das Bremslicht
9. ayak freni	die Fußbremse
10. tampon	die Stoßstange
11. vites kolu	der Schaltknüppel
12. arka koltuk	der Rücksitz
13. sis farı	der Nebelscheinwerfer
14. debriyaj	die Kupplung
15. depo	der Tank
16. fren yağı	die Bremsflüssigkeit
17. fren hortumu	der Bremsschlauch
18. sinyal lambası	der Blinker
19. benzin göstergesi	die Tankuhr
20. çamurluk	der Kotflügel
21. stepne	das Ersatzrad
22. silecek	der Wischer
23. torpido gözü	das Handschuhfach

Alıştırma 4

Batı dillerinden alıntı kelimelere Türkçe karşılık bulunuz!

ajanda	Fr. agenda	andaç
ajitasyon	Fr. agitation	kışkırtma
ajitatör	Fr. agitateur	kışkırtıcı
akreditif	Fr. accréditif	güven yazısı
akvarist	Fr. aquariste	akvaryumcu
alakart	Fr. à la carte	seçmeli yemek
akronim	İng. acronym	kısma ad
almanak	Fr. almanach	yıllık
alpinist	Fr. alpiniste	dağcı

alternatif	Fr. alternatif	seçenek
amblem	Fr. emblème	belirtke
ambulans	Fr. ambulance	cankurtaran
amor	Fr. amour	aşk
ampermetre	Fr. ampèremètre	akımölçer
ampirik	Fr. empirique	deneysel
amplifikatör	Fr. amplificateur	yükselteç
analist	Fr. analyste	çözümleyici
analitik	Fr. analytique	çözümlemeli
analiz	Fr. analyse	çözümleme
anarşi	Fr. anarchie	kargaşa

Alıştırma 5

1. Bağdat, Irak'ın başkentidir.
2. Türkiyenin müzeleri genellikle Pazartesi günleri kapalıdır.
3. Hasan'ın gaz pedalının vidası gevşemiş.
4. Cumhuriyet Bayramı'ndan bir gün önce teyzemlere gittik.
5. Vantilatörün kayışı kopmuş.
6. Kötü hava yüzünden Atatürk Havalimanı'ndan uçak kalkmıyor.
7. Ağrısı bir türlü geçmiyor.
8. Ağrı'da bir gece kaldı.
9. Kadıköy'de oturuyor.
10. Köyde oturuyor.
11. Bavyera'nın okul tatili bitti.
12. Atatürk Bulvarı'nda beş yıldızlı oteller var.
13. Jale'nin beş çocuğu var.
14. Rasim'in annesi Alanya'dan Almanya'ya dönerken gözlüğünü kaybetti.
15. Türkmenler Türkmence konuşur.

16. Venedik'in gondolları meşhurdur.
17. Paris'te müzeleri gezdikten sonra Eyfel Kulesi'ne çıktık.
18. Yabancı bir şehirde geceyi geçirmek için otele gidilir.
19. Geceyi geçirmek için Hilton'a gittiler.
20. Mum ışığında akşam yemeği yediler.

Alıştırma 6

anarşik	Fr. anarchique	kargaşalı
anarşist	Fr. anarchiste	kargaşacı
anekdot	Fr. anecdote	hikâyecik
animasyon	Fr. animation	canlandırma
animatör	Fr. animateur	canlandırıcı
anketör	Fr. enquêteur	anketçi
anonsör	Fr. annonceur	sunucu
anot	Fr. anode	artı uç
antipati	Fr. antipathie	sevimsiz/soğuk
antipatik	Fr. antipathique	sevimsizlik/ soğukluk
antre	Fr. entrée	giriş
antreman	Fr. entraînement	alıştırma
antrenör	Fr. entaîneur	çalıştırıcı
aperitif	Fr. apéritif	ön içki
apolet	Fr. épaulette	omuzluk
apostrof	Fr. apostrophe	kesme işareti
arkeolog	Fr. archéologue	kazı bilimci
arkeoloji	Fr. archéologie	kazı bilimi
arkeolojik	Fr. archéologique	kazı bilimsel
aroma	İt. aroma	hoş koku

Alıştırma 7

1. beygir gücü	die Pferdestärke
2. diskli fren	die Scheibenbremse
3. tamburlu fren	die Trommelbremse
4. kontak anahtarı	der Zündschlüssel
5. vantilatör kayışı	der Keilriemen
6. korna	die Hupe
7. jant	die Felge
8. fren ışığı	das Bremslicht
9. egzoz	der Auspuff
10. silecek	der Wischer
11. susturucu	der Schalldämpfer
12. marş motoru	der Anlasser
13. buji	die Zündkerze
14. bobin	die Zündspule
15. dişli çark	das Zahnrad
16. havalı direksiyon	die Servolenkung
17. havalı süspansiyon	die Luftfederung
18. amortisör	der Stoßdämpfer
19. yakın huzmeli far	das Abblendlicht
20. panel	das Armaturenbrett

Alıştırma 8

1. vişne	die Sauerkirsche
2. ahududu	die Himbeere
3. muz	die Banane
4. hurma	die Dattel
5. kızılcık	die Kornelkirsche

6.	böğürtlen	die Brombeere
7.	incir	die Feige
8.	dut	die Maulbeere
9.	elma	der Apfel
10.	armut	die Birne
11.	Hint cevizi	die Kokosnuss
12.	üzüm	die Weintraube
13.	mandalina	die Mandarine
14.	portakal	die Apfelsine
15.	ayva	die Quitte
16.	kayısı	die Aprikose
17.	şeftali	der Pfirsich
18.	erik	die Pflaume
19.	karpuz	die Wassermelone
20.	kavun	die Honigmelone
21.	çilek	die Erdbeere
22.	nar	der Granatapfel

Alıştırma 9

Ölen bir kişinin akrabasını gördüğünüzde	Başınız sağ olsun!
Sabahleyin kalktığınızda eşinize	Günaydın, canım.
Yeni tanıştığınız bir kimseye	Memnun oldum.
Telefona cevap verdiğinizde	Alo!
Hastalanan veya kaza geçiren kimseye	Geçmiş olsun!
Hoş geldiniz'e cevap olarak	Hoş bulduk!
Bir kimseden ayrılırken	Hoşça kalın! veya Görüşmek üzere!
Bir yıldönümünün defalarca tekrarlanmasını dilemek için	Allah nice nice yıllara eriştirsin!

Arkadaşınız hapşırdığında	Çok yaşa!
Bir köpeği kovmak için	Hoşt!
Tatile gidenleri uğurlamak için	İyi tatiller!
Yaşanılan yıl bitip yeni yıla girildiğinde	Yeni Yılınız kutlu olsun!
Akşamleyin uğurlamak için	İyi akşamlar!
Uyumak için ayrılan bir kimseye	Allah rahatlık versin!
Yemek yiyen bir kimseye	Afiyet olsun!
Teşekkür ederim'e cevap olarak	Birşey değil!/Rica ederim!
Bir kediyi çağırmak için	Pisi pisi!
Sevinçli bir olaydan dolayı bir kimseyi kutlamak için	Gözün aydın!

Alıştırma 10

1.	Spinat	ıspanak
2.	Bohnen	fasulye
3.	Erbsen	bezelye
4.	Spargel	kuşkonmaz
5.	Rote Beete	pancar
6.	Möhren	havuç
7.	Kohl	lahana
8.	Porree	pırasa
9.	Tomaten	domates
10.	Paprika	dolmalık biber
11.	Artischocken	enginar
12.	Blumenkohl	karnabahar
13.	Kürbis	bal kabağı
14.	Radieschen	turp
15.	Auberginen	patlıcan
16.	Zwiebeln	soğan
17.	Dicke Bohnen	bakla

18. Mais	mısır
19. Zuckerrübe	şeker pancarı
20. Linsen	mercimek
21. Kartoffeln	patates
22. Okra	bamya
23. Petersilie	maydanoz

Alıştırma 11

1. çiçek; 2. aba; 3. abajur; 4. abartı; 5. abla; 6. abone; 7. Aborjin; 8. abrakadabra; 9. abur cubur; 10. acı; 11. acıkmak; 12. acıma; 13. acil servis; 14. açı; 15. açığa almak

Alıştırma 12

1. canlı	capcanlı	quicklebendig
2. açık	apaçık	eindeutig; glasklar
3. başka	bambaşka	ganz/völlig anders; grundverschieden
4. bedava	besbedava	spottbillig
5. beyaz	bembeyaz	blütenweiß
6. belli	besbelli	eindeutig
7. bok	bombok	beschissen
8. boş	bomboş	völlig leer
9. buruşuk	bumburuşuk	völlig zerknittert
10. bütün	büsbütün	völlig; vollkommen
11. cavlak	cascavlak	splitternackt
12. çabuk	çarçabuk	flugs; rasch; in Windeseile
13. dar	dapdar	sehr eng; hauteng
14. dik	dimdik	kerzengerade
15. diri	dipdiri	quicklebendig
16. doğru	dosdoğru	geradeaus
17. dolu	dopdolu	proppenvoll

18. durgun	dupdurgun	ganz still
19. düz	dümdüz	ganz gerade; geradeaus schnurgerade
20. genç	gepgenç	blutjung
21. güzel	güpgüzel	wunderschön
22. ince	ipince	hauchdünn
23. kara	kapkara	pechschwarz
24. katı	kaskatı	steinhart; star

Alıştırma 13

1. kırmızı	kıpkırmızı	knallrot
2. koca	koskoca	gigantisch/gewaltig/ riesig groß
3. kuru	kupkuru	knochentrocken
4. mavi	masmavi	leuchtend blau
5. mor	mosmor	dunkelviolett
6. pembe	pespembe	rosarot
7. sağlam	sapasağlam	kerngesund
8. sıcak	sıpsıcak	sehr heiß/höllenheiß
9. sıska	sıpsıska	spindeldürr
10. sivri	sipsivri	ganz spitz
11. siyah	simsiyah	pechschwarz
12. soğuk	sopsoğuk	eiskalt/arschkalt
13. şirin	şipşirin	sehr liebenswert
14. taze	taptaze	taufrisch
15. tamam	tastamam	haargenau
16. temiz	tertemiz	blitzblank/blitzsauber
17. ucuz	upucuz	spottbillig
18. uzun	upuzun	sehr lang
19. yaş	yamyaş	klatschnass
20. yalnız	yapayalnız	mutterseelenallein

21. yeşil	yemyeşil	grasgrün
22. yeni	yepyeni	nagelneu
23. yuvarlak	yusyuvarlak	kugelrund
24. gündüz	güpegündüz	am helllichten Tag

Alıştırma 14

1. açık yürekli; 2. açık artırma; 3. açık büfe; 4. açık çek; 5. açık giyim; 6. açık hava; 7. açık imza; 8. açık kahverengi; 9. açık kapı politikası; 10. açıklamak; 11. açık liman; 12. açık mavi; 13. açık piyasa; 14. açık saçık; 15. açık seçik

Alıştırma 15

1. açık sarı; 2. açık oturum; 3. açık öğretim; 4. açık sözlü; 5. açık yara; 6. açık yeşil; 7. açılış konuşması; 8. açımlamak; 9. açıortay; 10. açlık; 11. açlık grevi; 12. açmak; 13. açmalık; 14. ada; 15. adabımuaşeret

Alıştırma 16

1. açık liman	der Freihafen
2. açık öğrenim	das Fernstudium
3. açık yara	die offene Wunde
4. açık imza	die Blankounterschrift
5. açılış konuşması	die Eröffnungsrede
6. açıklama	die Erklärung
7. açlık grevi	der Hungerstreik
8. açı	der Winkel
9. açık seçik	offensichtlich
10. acı biber	die Peperoni
11. acı çikolata	die Bitterschokolade

12. acı haber	traurige Nachricht
13. apaçık	eindeutig/glasklar
14. adalet	die Gerechtigkeit
15. adalet sarayı	der Justizpalast
16. adabımuaşeret	die Anstandsregeln
17. akrabalık derecesi	der Verwandschaftsgrad
18. akbaba	der Geier
19. Akdeniz	das Mittelmeer
20. ahududu	die Himbeere

Alıştırma 17

1. Bağdat, Irak'ın başkentidir.
2. Genellikle Türkiye'nin müzeleri pazartesi günleri kapalıdır.
3. Otelde Almandan çok Rus vardı.
4. Bir gün sonra Cumhuriyet Bayramı var.
5. Bugün Hasanlara davetliyiz.
6. Kötü hava yüzünden Atatürk Havalimanı'ndan uçak kalkmıyor.
7. Ağrısı bir türlü geçmediği için Gelibolu Devlet Hastanesi'ne havale edildi.
8. Ağrısı bir türlü geçmediği için Gelibolu'da devlet hastanesine havale edildi.
9. Otobüse binmemek için Eminönü'nden Fatih'e yürüyerek gitti.
10. Dikili Taş Köyü'nde oturuyor.
11. Bu yıl Kuzey Ren Vestfalya'da okul tatili erken başlıyor.
12. Atatürk Bulvarı'nda beş yıldızlı oteller var.
13. Beş çocuk da Jale'nin.
14. Rasim'in annesi Alanya'dan Almanya'ya dönerken gözlüğünü kaybetti.

15. Türkmenler Türkmence konuşur, Özbekler ise Özbekçe.
16. Tünel'deki otelimizden çıkarak Beyoğlu'ndan Taksim'e kadar yürüdük.
17. Paris'te müzeleri gezdikten sonra Eyfel Kulesi'ne çıktık.
18. Bir gece Ağrı'da ucuz bir otelde kaldı.
19. Geceyi geçirmek için Hilton'a gittiler. Mum ışığında Bafa gölü'nün kıyısında bir lokantada akşam yemeği yediler.

Alıştırma 18

aromatik	Fr. aromatique	hoş kokulu
arşiv	Fr. archives	belgelik
arter	Fr. artère	atardamar
asidimetre	Fr. acidimètre	asitölçer
asimetri	Fr. asymétrie	bakışımsızlık
asistan	Fr. assistant	yardımcı
astrofizik	Fr. astrophysique	yıldız fiziği
astrolog	Fr. astrologue	yıldız falcısı
astroloji	Fr. astrologie	yıldız falcılığı
astronom	Fr. astronome	gök bilimci
astronomi	Fr. astronomie	gök bilimi
astronomik	Fr. astronomique	gök bilimsel
astronot	Fr. astronaute	uzay adamı
ateist	Fr. athéiste	tanrıtanımaz
ateizm	Fr. athéisme	tanrıtanımazlık
atölye	Fr. atelier	işlik
avangart	Fr. avant-garde	öncü
avans	Fr. avance	öndelik
avantaj	Fr. avantage	üstünlük/yarar

| avantür | Fr. aventure | macera |

Alıştırma 19

1. Arzu çocukluğundan beri gök gürültüsünden çok korkar doğru x
2. Raziye Hanım, Arzu'nun teyzesidir. yanlış x
3. Raziye Hanım'la Umut aynı katta oturuyor. yanlış x
4. Kolonya baş ağrına karşı iyi gelir. doğru x
5. Raziye Hanım dedikodu yapmasını sever. doğru x
6. Raziye Hanım zemin katta oturuyor. doğru x
7. Raziye Hanım'ın baş ağrısı bahane. doğru x
8. Arzu'nun gök gürültüsünden korkması bahane. yanlış x
9. Arzu meslek sahibi bir kadın. doğru x
10. Arzu'nun yüzünün bembeyaz olması çok korktuğu içindir. doğru x

Alıştırma 20

badminton	İng. badminton	tüytop
averaj	Fr. average	ortalama
banknot	İng. bank note	kâğıt para
banliyö	Fr. banlieue	yörekent
bariyer	Fr. barrière	engel
barkod	Fr. barcode	çizgi im
barometre	Fr. baromètre	basınçölçer
basketbol	İng. basketball	sepet topu

baypas	İng. by-pass	köprüleme
baz	Fr. base	temel
bek	İng. back	savunma oyuncusu
benchmarking	İng. benchmarking	bilgileşim
bestseller	İng. bestseller	çoksatar
bibliyofil	Fr. bibliophile	kitapsever
bibliografi	Fr. bibliographie	kaynakça
bibliyoman	Fr. bibliomane	kitap düşkünü
bibliyomani	Fr. bibliomanie	kitap düşkünlüğü
bibliyotek	Fr. bibliothèque	kitaplık/kütüphane
bienal	Fr. biennal	yılaşırı
bigudi	Fr. bigoudi	sarmaç

Alıştırma 21

1. Arzu geceyi Umut'la beraber geçirdi. yanlış x
2. Yağmur dindikten sonra Arzu evine gitti. doğru x
3. Bu geceden sonra Arzu ile Umut arasında bir aşk başladı. doğru x
4. Umut ile Arzu aynı yerde çalışıyor. yanlış x
5. Raziye Hanım çok meraklı. doğru x
6. Arzu Raziye Hanım'ın dedikodusundan korkmuyor. yanlış x
7. Arzu gök gürlemesinden yemek yiyemedi. doğru x
8. Eve dönüşte Umut Arzu'nun iş yerine uğrayarak onunla beraber eve dönüyor. doğru x
9. Raziye Hanım'ın ağzına düşmemek için Umut Arzu'yu köşe başında indiriyor. doğru x
10. Arzu'nun otomobili var. yanlış x

Alıştırma 22

bilanço	İt. bilancio	dengelem
billboard	İng. billboard	duyurumluk
bilyon	Fr. billion	milyar
biyogaz	Fr. biogaz	gübre gazı
biyografi	Fr. biographie	öz geçmiş
aysberg	İng. iceberg	buz dağı
bibliografi	Fr. bibliographie	kaynakça
asimetri	Fr. asymétrie	bakışımsızlık
blöf	Fr. bluff	kurusıkı
boarding card	İng. boarding card	uçuş kartı
bodyguard	İng. bodyguard	koruma
boks	Fr. boxe	yumruk oyunu
boksör	Fr. boxeur	yumruk oyuncusu
botanik	Fr. botanique	bitki bilimi
branş	Fr. branche	kol/dal
brifing	İng. briefing	bilgilendirme
broker	İng. broker	borsa simsarı
burjuva	Fr. bourgeois	kent soylu
burjuvazi	Fr. bourgeoisie	kent soyluluk
call center	İng. call center	çağrı merkezi

Alıştırma 23

1. Arzu ile Nilgün çok yakın arkadaşlar. doğru x
2. Nilgün'ün annnesi Antalya'da yaşıyor. doğru x
3. Arzu ile Umut bir aşk hayatı yaşıyorlar. doğru x
4. Arzu bir aylık iznini Antalya'da geçiriyor. yanlış x
5. Raziye Hanım Arzu ile Umut'u bir arada görüyor. yanlış x
6. Umut her gece Nilgün'ün evinde kalıyor. yanlış x
7. Günler çok çabuk geçiyor. doğru x

Alıştırma 24

cash card	İng. cash card	nakit kartı
casting	İng. casting	oyuncu kadrosu
catering	İng. catering	yemek hizmeti
center	İng. center	merkez
chat	İng. chat	sanal sohbet
check-in	İng. check-in	giriş işlemi
check-out	İng. check-out	çıkış işlemi
çaçaron	İt. chiacchierone	geveze
çekap	İng. check-up	tam bakım
çip	İng. chip	yonga
dansimetre	Fr. densimètre	yoğunlukölçer
data	İng. data	veri
datif	Fr. datif	yönelme durumu
deadline	İng. deadline	süre sonu
dedektör	Fr. détecteur	algılayıcı
defans	Fr. défense	savunma
deflasyon	Fr. déflation	para kısıtlaması
defroster	İng. defroster	buzçözer
dejenerasyon	Fr. dégénération	yozlaşma/soysuzlaşma
dejenere	Fr. dégénéré	yoz/soysuz

Alıştırma 25

1. Umut, Arzu ile evlenmeye karar verdi.   doğru x
2. Umut, Arzu'nun evlenme teklifini reddetmesinden korkuyor.   yanlış x
3. Arzu'nun hiç bir şeyden haberi yok.   doğru x
4. Umut'un ailesi İzmir'de yaşıyor.   doğru x
5. Umut'un babası futbola meraklı.   doğru x

6. Babası onunla arkadaş gibi olduğu için Umut onu çok severdi.   doğru x
7. Umut, Arzu'yla evlenmekten vazgeçti.   yanlış x

Alıştırma 26

dekadans	Fr. décadence	çöküş
deklarasyon	Fr. déclaration	mal bildirimi
dekolte	Fr. décolleté	açık giyim
dekont	Fr. décompte	hesap özeti
demagog	Fr. démagogue	laf cambazı
demagoji	Fr. démagogie	laf cambazlığı
demo	İng. demo	gösteri
demograf	Fr. démographe	nüfus bilimci
demografi	Fr. démographie	nüfus bilimi
demografik	Fr. démographique	nüfus bilimsel
demonstrasyon	Fr. démonstration	gösteri
demoralizasyon	Fr. démoralisation	moral çöküntüsü
demoralize	Fr. démoralise	morali bozulmuş
depar	Fr. départ	çıkış
departman	Fr. département	bölüm
depozit	İt. deposito	güvence akçesi
depozito	İt. deposito	güvence akçesi
depresyon	Fr. dépression	bunalım
dermatolog	Fr. dermatologue	cildiyeci
dermatoloji	Fr. dermatologie	cildiye

Alıştırma 27

1. Umut'un babası yakında ölecek.   doğru x
2. Umut, babasına Arzu ile evleneceğini söyledi.   yanlış x
3. Umut'un babası ile babasının yakın bir arkadaşı çocuklarını evlendirmek için anlaşmışlar.   doğru x
4. Umut babasının kendisine evlenmek için öngördüğü kızı hiç görmemişti.   doğru x
5. Umut Nergis'i deniz kenarında gördü.   doğru x
6. Umut Nergis'in mehtapta yüzeceğini sanmıştı.   yanlış x
7. Umut Nergis'in intihar edeceğini sanmıştı.   doğru x
8. Nergis çok üzgündü.   doğru x

Alıştırma 28

designer	İng. designer	tasarımcı
diyalekt	Fr. dialecte	lehçe
deşarj	Fr. décharge	boşalma
detay	Fr. détail	ayrıntı
deterjan	Fr. détergent	arıtıcı
determinasyon	Fr. détermination	belirlenim
devalüasyon	Fr. dévaluation	değer düşürümü
dezenformasyon	Fr. désinformation	bilgi çarpıtma
didaktik	Fr. didactique	öğretici
difraksiyon	Fr. diffraction	kırınım
dizayn	İng. design	tasarım
dijital	Fr. digital	sayısal
dikte	Fr. dictée	yazdırım
dinamo	Fr. dynamo	üreteç
dipfriz	İng. deep-freeze	derin dondurucu
direktif	Fr. directive	yönerge
direktör	Fr. directeur	yönetmen

diskalifiye	Fr. disqualifié	yarış dışı bırakılmış
distribütör	Fr. distributeur	dağıtıcı
diyabet	Fr. diabète	şeker hastalığı

Alıştırma 29

1. Umut ile Nergis'in tanışması bir tesadüf.   doğru x
2. Nergis üniversite mezunu.   yanlış x
3. Nergis'ten önce Ayşe'nin evlenmesi gerekiyor. yanlış x
4. Nergis ile Ayşe öz kardeşler.   yanlış x
5. Nergis siyah araba ile gelen kimsenin damat adayı olduğunu sanıyor.   doğru x
6. Nergis ile Ayşe balkonda otururken siyah bir araba kapılarının önünde duruyor.   doğru x
7. Kapının önünde arabadan inen adamla Nergis'in babası karşılaştılar.   doğru x
8. Babası arabadan inen adamla evin önünde konuşuyor. yanlış x
9. Nergis ile Umut eskiden beri arkadaşlar. yanlış x
10. Nergis çeyizini dikiş makinesinin başında hazırlamış. doğru x

Alıştırma 30

doktrin	Fr. doctrine	öğreti
doküman	Fr. document	belge
dokümantasyon	Fr. documentation	belgeleme

dokümanter	Fr. documentaire	belgesel
domestik	Fr. domestique	evcil
dozer	İng. bulldozer	yoldüzler
dömifinal	Fr. demi-finale	yarı final
drenaj	Fr. drainage	akaçlama
dribbling	İng. dribbling	top sürme
dublaj	Fr. doublage	seslendirme
dublör	Fr. doubleur	benzer
edisyon	Fr. édition	baskı
editör	Fr. éditeur	yayımcı
efemine	Fr. eféminé	kadınsı
efor	Fr. effort	çaba
egoist	Fr. égoïste	bencil
egoizm	Fr. égoïsme	bencillik
egzersiz	Fr. exercice	alıştırma
ekarte	Fr. écarté	saf dışı bırakılmış
ekipman	Fr. équipement	takım

Alıştırma 31

1. Umut ile Nergis'in durumları bir birine benziyor.
   doğru x
2. Umut ile Nergis her gün buluşuyorlar. doğru x
3. Arzu'nun Nergis'ten haberi var.   yanlış x
4. Nergis'in Arzu'dan haberi var.   yanlış x
5. Umut'un babası hızla iyileşiyor.   doğru x
6. Doktorlar bile şaşırıyorlar.   doğru x
7. Umut artık Nergis'i seviyor. doğru x
8. Umut'un Arzu'ya olan sevgisi gittikçe azalıyor.
   doğru x
9. Umut babasının sözünü dinliyor. doğru x

10. Umut ile Nergis arasında bir elektrıklenme olmuştu.
    doğru x

Alıştırma 32

eko	Fr. eco	yankı
ekran	Fr. écran	görüntülük
eksibisyonizm	Fr. exhibitionnisme	göstermecilik
egzotik	Fr. exotique	yabancıl
eksper	Fr. expert	bilirkişi
eksperyans	Fr. expérience	deneyim
ekspoze	Fr. exposé	özet
elastik	Fr. élastique	esnek
eleman	Fr. élément	öge
elit	Fr. élite	seçkin
empati	Fr. empathie	duygudaşlık
endirekt	Fr. indirect	dolaylı
endüstri	Fr. industrie	sanayi
endüstriyalizm	Fr. industrialisme	sanayicilik
endüstriyel	Fr. industriel	sınai
enflasyon	Fr. inflation	para şişkinliği
enformatik	Fr. informatique	bilişim
enfraruj	Fr. infrarouge	kızıl ötesi
enfrastrüktür	Fr. infrastructure	altyapı
enjektör	Fr. injecteur	iğne

Alıştırma 33

1. Arzu Umut'tan bir çocuk bekliyor. doğru x
2. Umut ile babası kız isteme yerine hastaneye gidiyorlar. yanlış x
3. Nergis Umut'tan bir çocuk bekliyor. yanlış x

4. Ayşe misafirlere kahve ikram ediyor. yanlış x
5. Beşik kertmesi Umut'muş. doğru x
6. Nergis'in „Evet" demesine annesi çok şaşırmıştı. doğru x
7. Nergis Umut'un damat adayı olduğunu biliyordu. yanlış x
8. Nergis Umut'un damat adayı olduğunu öğrenince yanakları morardı. doğru x
9. Ayşe kahveyi tepsiye döktü. yanlış x
10. Nergis'e nişan yüzüğü takıldı. doğru x

Alıştırma 34

kırkı çıkmak	es vergehen vierzig Tage nach der Geburt oder dem Tod
gök gürültüsü	der Donner
korkudan büzülmek	sich verkriechen vor Angst
bembeyaz bir yüz	ein kreidebleiches Gesicht
dedikodu yapmak	tratschen/klatschen
içine kurt düşmek	argwöhnisch/misstrauisch werden
bahane bulmak	Ausrede finden
felç geçirmek	einen Schlaganfall erleiden
ölüm döşeği	das Sterbebett
hıçkıra hıçkıra ağlamak	schluchzend weinen
içini dökmek	sein/ihr Herz ausschütten
çeyiz	die Aussteuer
baş göz etmek	verheiraten
ızdırap	der Kummer/Schmerz
başı kabak	der Kahlkopf
şüphelenmek	Verdacht schöpfen

zat	die Person
fenalık geçirmek	jemandem schlecht werden
deniz kenarı	der Strand/das Ufer
imdadına yetişmek	jemandem zur Hilfe eilen
imdat simidi	der Rettungsring
boyun eğmek	sich beugen/fügen
müjde	die Freudenbotschaft

Alıştırma 35

Doğru mu yanlış mı?

1. Arzu Umut'u devamlı arıyor.   doğru x
2. Nilgün, Nergis'in kuzini.   doğru x
3. Nergis'in annesi, Nilgün'ün teyzesi.   doğru x
4. Nergis ile Nilgün'ün anneleri kardeşler.   doğru x
5. Arzu düğüne gidiyor.   yanlış x
6. Arzu'nun hamile olduğunu kimse bilmiyor.   doğru x
7. Damadın Umut olduğunu görünce Arzu'nun gözleri yerinden fırladı.   yanlış x
8. Nilgün, Arzu'nun hamile olduğunu biliyordu.   yanlış x
9. Arzu bayılınca Nilgün onu hastaneye götürdü.   doğru x
10. Nilgün, Arzu'nun iş arkadaşı.   doğru x

Alıştırma 36

enstantane	Fr. instantané	anlık

enstrüman	Fr. instrument	çalgı/araç
enstrümantalizm	Fr. instrumentalisme	araççılık
entegrasyon	Fr. intégration	bütünleşme/ uyum
entelekt	Fr. intellect	anlık
entelektüalizm	Fr. intellectualisme	anlıkçılık
enternasyonal	Fr. international	uluslararası
enternasyonalizm	Fr. internationalisme	uluslararasıcılık
envestisman	Fr. investissement	yatırım
episantır	Fr. épicentre	deprem ortası
epik	Fr. épique	destansı
epikriz	Fr. épicrise	çıkış özeti
epilepsi	Fr. épilepsie	sara
epilog	Fr. épilogue	son söz
ergonomi	Fr. ergonomie	iş bilimi
erozyon	Fr. érosion	aşınma
espiyonaj	Fr. espionnage	casusluk
fabrika	İt. fabricca	üretimevi
fair play	İng. fair play	dürüst oyun
faktör	Fr. facteur	etmen

Alıştırma 37

1. Arzu çocuğu aldırmaya karar verdi.   doğru x
2. Nilgün Arzu'yu hastaneye götürdü.   doğru x
3. Hastanedeki kadınlar, Arzu'nun kararına olumsuz tepki gösterdiler.   doğru x
4. Hastanedeki kadınların tepkisine inat, Arzu çocuğu aldırmakta ısrar etti.   yanlış x
5. Arzu'nun karnının gittikçe büyüdüğünü iş yerinde gördüler.   yanlış x

6. Arzu'nun istifasını müdür kabul etmedi.   doğru x
7. Arzu süt annesinin yanına gitti.   doğru x
8. Arzu'nun bir oğlu oldu.   yanlış x
9. Arzu çocuk doğurduğundan pişman.   yanlış x
10. Nilgün, Arzu'yu her bakımdan destekledi.   doğru x

Alıştırma 38

çocuk aldırmak	abtreiben
fenalaşmak	jemandes Zustand verschlechtert sich
kızmak	sich ärgern
görücü	der/die Brautschauer/in
görücüye çıkmak	dem/der Brautschauer/in vorgeführt werden
tepsi	das Tablett
asık bir surat	eine grimmige/bärbeißige Miene
şaşırmak	sich wundern
olaysız	ohne Zwischenfälle
parasız izin	unbezahlter Urlaub
iş arkadaşı	der/die Arbeitskollege/-in
hamilelik	die Schwangerschaft
yatak istirahatı	die Bettruhe
kız arkadaş	die Freundin
muhteşem	prächtig
bayılmak	in Ohnmacht fallen
vicdansız	gewissenlos
süt anne	die Amme

azarlamak	tadeln/schelten
şükran duymak	dankbar sein
kıskanmak	eifersüchtig sein
tedavi	die Behandlung/Therapie
trafik kazası	der Verkehrsunfall

Alıştırma 39

fanatik	Fr. fanatique	bağnaz
fars	Fr. farce	güldürü
fatalist	Fr. fataliste	yazgıcı
fatalizm	Fr. fatalisme	yazgıcılık
feodalite	Fr. féodalité	derebeylik
feribot	İng. ferryboat	arabalı vapur
fiction	İng. fiction	kurgu
fiks menü	Fr. fixe menu	tek liste
filtre	Fr. filtre	süzgeç
finiş	İng. finish	varış
first-class	İng. first-class	birinci sınıf
fitness	İng. fitness	sağlıklı yaşam
fizibilite	İng. feasibility	yapılabilirlik
fizyoterapi	Fr. physiothérapie	fizik tedavisi
flashback	İng. flashback	geriye dönüş
flaşör	Fr. flasheur	dörtlü
folklor	Fr. folklore	halk bilimi
fonksiyon	Fr. fonction	işlev
fonksiyonel	Fr. fonctionnel	işlevsel
formalist	Fr. formaliste	biçimci

Alıştırma 40

1. Ayşe Nergis'ten önce evlenmişti.   yanlış x
2. Ayşe'nin evvela bir kızı oldu.   doğru x
3. Nergis Ayşe'yi kıskanıyordu.   doğru x
4. Arzu hiç evlenmemiş çocuğunu büyütüyordu.   doğru x
5. Arzu'nun kızının adı Dünya.   doğru x
6. Dünya, Arzu'nun öz kızı değil.   yanlış x
7. Dünya da gök gürlemesinden korkuyor.   doğru x
8. Dünya çok konuşkan bir kız.   doğru x
9. Dünya'nın babası Umut olabilir.   doğru x
10. Dünya'nın öz annesi Nilgün.   yanlış x

Alıştırma 41

formalizm	Fr. formalisme	biçimcilik
formasyon	Fr. formation	biçimlenme
forvet	İng. forward	ileri uç (oyuncusu)
foseptik	Fr. fosse septique	lağım çukuru
fotokopi	Fr. photocopie	tıpkıçekim
frekans	Fr. fréquence	sıklık
frijider	Fr. frigidaire	buzdolabı
frikik	İng. free-kick	serbest vuruş
fruktoz	Fr. fructose	meyve şekeri
fuel-oil	İng. fuel-oil	yağ yakıt
full-time	İng. full-time	tam gün
fundamentalist	Fr. fondamentaliste	kökten dinci

fundamentalizm	Fr. fondamentalisme	kökten dincilik
futbol	İng. football	ayak topu
fütürist	Fr. futuriste	gelecekçi
gag	İng. gag	gülüt
galaksi	Fr. galaxie	gök ada
garanti	Fr. garantie	güvence
gardırop	Fr. gadre-robe	giysi dolabı
genetik	Alm. Genetik	kalıtım bilimi

Alıştırma 42

1. Kapkaççılar Hacer Hanım'ın çantasını aldılar.
   yanlış x
2. Kapkaççının birini Umut bir yumrukla yere serdi.
   doğru x
3. Kapkaççıları polis yakaladı.   doğru x
4. Kapkaççı olayı yüzünden Umut ile Hacer Hanım tanışmış oldu.   doğru x
5. Hacer Hanım Umut'a kartvizitini vermedi.   yanlış x
6. Hacer Hanım Arzu'nun çalıştığı şirkette hemşire.
   doğru x
7. Umut Hacer Hanım'dan yardım istemişti.   doğru x
8. Arzu bazen Dünya'yı şirkete getirir ve Hacer Hanım'a bırakırdı.   doğru x
9. Hacer Hanım Dünya'ya masallar anlatırdı.
   doğru x

10. Hacer Hanım kestiği Dünya'nın saçını Umut'a verdi.   doğru   x

Alıştırma 43

global	Fr. global	küresel
grafik	Fr. graphique	çizge
gramer	Fr. grammaire	dil bilgisi
gurme	Fr. gourmet	tatbilir
hacker	İng. hacker	bilgisayar korsanı
haftayım	İng. half-time	devre arası
halüsinasyon	Fr. hallucination	sanrı
handikap	İng. handicap	engel
happy hour	İng. happy hour	indirim saatleri
hat trick	İng. hat trick	üçleme
haymatlos	Alm. heimatlos	vatansız
hentbol	İng. handball	el topu
hepatit	Fr. hépatite	sarılık
high-tech	İng. high-tech	yüksek teknoloji
hijyen	Fr. hygiène	sağlık bilgisi
hijyenik	Fr. hygiènique	sağlıksal
hinterlant	Alm. Hinterland	iç bölge
hipopotam	Fr. hippopotame	su aygırı
hipotetik	Fr. hypothétique	varsayımsal
hipotez	Fr. hypothèse	varsayım

Alıştırma 44

1. Umut Arzu ile aynı yerde çalışıyor.   yanlış x
2. Umut İzmir'de oturuyor.   yanlış x

3. Umut Arzu ile evli.   yanlış x
4. Dünya Umut'un öz kızı. doğru x
5. Umut Nergis'i seviyor. doğru x

Alıştırma 45

hit	İng. hit	liste başı
hiperaktif	İng. hyperactive	aşırı etkin
hiperaktivite	İng. hyperactivity	aşırı etkinlik
hipertansiyon	Fr. hypertension	yüksek kan basıncı
hol	İng. hall	sofa
hiyeroglif	Fr. hiéroglyphe	resim yazı
homojen	Fr. homogène	bağdaşık
homoseksüel	Fr. homosexuel	eş cinsel
hukşat	İng. hook shot	çengel atış
humor	Fr. humeur	gülmece
hümanist	Fr. humaniste	insancıl
hümanizm	Fr. humanisme	insancıllık
hobi	İng. hobby	uğraşı
ice-tea	İng. ice-tea	buzlu çay
ide	Fr. idée	düşünce/fikir
ideal	Fr. idéal	ülkü
idealist	Fr. idéaliste	ülkücü
idealizm	Fr. idéalisme	ülkücülük
idefiks	Fr. idée fixe	saplantı
identik	Fr. identique	özdeş

Alıştırma 46

1. Umut sık sık İstanbul'a gidiyor.   doğru x
2. Arzu'nun ilk aşkı Umut idi.   doğru x

3. Nergis damarlarını keserek intihar etti.   doğru x
4. Umut'un babası Nergis intihar ettikten sonra vefat etti.   yanlış x
5. Nergis'in Dünya'dan haberi vardı.   yanlış x
6. Nergis'in çocuğu olmadı.   doğru x

Alıştırma 47

illegal	Fr. illégal	yasa dışı
illüstrasyon	Fr. illustration	resimleme
illüzyon	Fr. illusion	yanılsama/göz bağı
illüzyonist	Fr. illusioniste	göz bağcı
illüzyonizm	Fr. illusionisme	göz bağcılık
imaj	Fr. image	imge
imitasyon	Fr. imitation	taklit
immünoloji	Fr. immunologie	bağışıklık bilimi
indeks	Fr. index	dizin
indikatör	Fr. indicateur	gösterge
individüalist	Fr. individualiste	bireyci
individüalizm	Fr. individualisme	bireycilik
in-line skate	İng. in-line skate	kaykaç
inovasyon	İng. innovation	yenileşim
inovatif	İng. innovative	yenileşimci
internet	İng. internet	Genel Ağ
intranet	İng. intranet	yerel ağ
iskonto	İt. sconto	indirim
istatistik	Fr. statistique	sayımlama
izolasyon	Fr. isolation	yalıtım

Alıştırma 48

1. Nergis'in ölümünden sonra Umut kırkının çıkmasını bekledi.   doğru x
2. Umut Nergis'in ölümünden kırk gün sonra İstanbul'a döndü.   doğru x
3. Umut İstanbul'a döndü ve babalık davası açtı.   doğru x
4. Umut ile Arzu'nun müşterek bir avukatları vardı.   yanlış x
5. Umut babalık davasını kaybetti.   yanlış x
6. Avukatları, Dünya'nın hakikatı öğrenmesi konusunda hemfikir değiller.   doğru x
7. Dünya Arzu'nun kendi öz annesi olduğunu biliyordu.   yanlış x
8. Arzu ile Umut bir psikolog eşliğinde Dünya'ya gerçeği söylediler.   doğru x
9. Babası Dünya'yı mutlu etmek için elinden geleni yapıyor.   doğru x
10. Umut, Arzu'nun hamile olduğunu bilseydi Nergis ile evlenmezdi.   yanlış x

Alıştırma 49

izolatör	Fr. isolateur	yalıtkan
jakuzi	İng. jacuzzi	sağlık havuzu
jaluzi	Fr. jalousie	şerit perde
jam-session	İng. jam-session	toplu caz
izole	Fr. isolé	yalıtılmış
jargon	Fr. jargon	argo
jenerasyon	Fr. génération	kuşak

jeneratör	Fr. générateur	üreteç
jenosit	Fr. génnocide	soykırım
jeolog	Fr. géologue	yer bilimci
jeoloji	Fr. géologie	yer bilimi
jeolojik	Fr. géologique	yer bilimsel
jet ski	İng. jet ski	su kızağı
jinekoloji	Fr. gynécologie	kadın hastalıkları
jinokolog	Fr. gynécologue	kadın hastalıkları hekimi
kreatif	Fr. creative	yaratıcı
kredibilite	Fr. crédibilité	güvenilirlik/itibar
kreş	Fr. crèche	çocuk yuvası
kriminoloji	Fr. criminologie	suç bilimi
kriter	Fr. critère	ölçüt

Alıştırma 50

1. Dünya üniversitede okuduktan sonra doktor olacak.   doğru x
2. Umut arada sırada Arzu'yu yemeğe davet ediyor.   doğru x
3. Umut ile Arzu kızlarının bir trafik kazası geçirdiğini gazetelerden öğreniyorlar.   yanlış x
4. Dünya ağır bir trafik kazası geçirmiş.   doğru x
5. Arzu çok gururlu.   doğru x
6. Dünya trafik kazasından sonra bir gece hastanede yattı.   doğru x
7. Dünya hastaneden çıktıktan sonra bir hafta evde yatakta yattı.   doğru x
8. Doğum gününde annesi Dünya'ya bir bilezik hediye etti.   doğru x

9. Babası ise doğum günü hediyesi olarak kızına bir otomobil almıştı.   doğru x
10. Dünya anne ve babasının evlenmelerine karşı idi.   yanlış x

Alıştırma 51

kapkaççı	der Räuber
tesadüfen	per Zufall
merdivenlerden düşmek	die Treppe hinunterfallen
kucaklamak	umarmen
uzaklaşmak	sich entfernen
doğum günü	der Geburtstag
imdat	die Hilfe/Nothilfe
kovalamak	verjagen/verfolgen
hemşire	die Krankenschwester
evlatlık	das Adoptivkind
masallar anlatmak	Märchen erzählen
dört gözle beklemek	sehnsüchtig erwarten
intihar etmek	Selbstmord begehen
affetmek	verzeihen
dayanamamak	nicht widerstehen können
ısrar etmek	insistieren/beharren/bestehen (auf)
gömmek	begraben
yalvarmak	flehen/anflehen
babalık davası	die Vaterschaftsklage
soğukluk	die Kälte/Entfremdung
suçlamak	beschuldigen
lehinde	zu Gunsten
sitem	der Vorwurf

Alıştırma 52

jips	Fr. gypse	alçı taşı
joy-stick	İng. joy-stick	kumanda kolu
jüri	Fr. jury	hakem kurulu
kamufle	Fr. camouflé	gizlenmiş
katedral	Fr. cathédrale	başkilise
kaos	Fr. chaos	kargaşa
kakofoni	Fr. cacophonie	ses uyumsuzluğu
kalibraj	Fr. calibrage	ayarlama
kalibrasyon	Fr. calibration	ölçümleme
kalifikasyon	Fr. qualification	niteliklilik
kalifiye	Fr. qualifié	nitelikli
kaligrafi	Fr. calligraphie	güzel yazı sanatı
kalitatif	Fr. qualitatif	nitel
kalite	Fr. qualité	nitelik
kalker	Fr. calcaire	kireç taşı
kalorimetre	Fr. calorimètre	ısıölçer
kalorimetri	Fr. calorimètrie	ısı ölçümü
kameraman	Fr. cameraman	çekimci
kampüs	Fr. campus	yerleşke
kamuflaj	Fr. camouflage	gizleme

Alıştırma 53

1.ara söz; 2. araştırma geliştirme; 3. arayüz; 4. ardışık görüntü; 5. arena; 6. arı; 7. arıcı; 8. arı kovanı; 9. arınık; 10. arızasız; 11. arife; 12. aristokrasi; 13. aritmetik; 14. aritmi

Alıştırma 54

kritik	Fr. critique	eleştiri
kronolojik	Fr. chronologique	zaman bilimsel
kanalize	Fr. canalisé	yönlendirilmiş
kanseroloji	Fr. cancérologie	kanser bilimi
kantitatif	Fr. quantitative	nicel
kantite	Fr. quantité	nicelik
kronometre	Fr. chronomètre	süreölçer
kapital	Fr. capital	sermaye/anamal
kapitalist	Fr. capitaliste	anamalcı
kapitalizm	Fr. capitalisme	anamalcılık
kapora	İt. caparra	güvenmelik
kapüşon	Fr. capuchon	başlık
karizma	Fr. charisme	etkileyici
karizmatik	Fr. charismatique	etkileyicilik
karnivor	Fr. carnassier	etobur
kartograf	Fr. cartographe	haritacı
kartografi	Fr. cartographie	haritacılık
kartografya	Fr. cartographie	haritacılık
kuartet	Fr. quartette	dörtlü
kuintet	Fr. quintette	beşli

Alıştırma 55

kategori	Fr. catégorie	ulam
kemoterapi	Fr. chimiothérapie	kimyasal tedavi
klimatoloji	Fr. climatologie	iklim bilimi
klostrofobi	Fr. claustrophobie	kapalı yer korkusu
koç	İng. coach	çalıştırıcı
kokpit	İng. cockpit	pilot kabini
kolaj	İng. collage	kesyap
koleksiyon	Fr. collection	derlem
kolonyalist	Fr. colonialiste	sömürgeci

kolonyalizm	Fr. colonialisme	sömürgecilik
kombinasyon	Fr. combination	birleştirme/tertip
komite	Fr. comité	alt kurul
kompetitif	Fr. compétitif	rekabetçi
komplikasyon	Fr. complication	karmaşıklık
komplike	Fr. complique	karmaşık
komplo	Fr. complot	düzen
kompozitör	Fr. compositeur	besteci
komünikasyon	Fr. communication	iletişim
kongre	Fr. kongrès	kurultay
konkav	Fr. concave	içbükey

Alıştırma 56

1.apolitik; 2. aport; 3. apostrof; 4. apre; 5. apse yapmak; 6. ara; 7. ara bulucu; 8. araba mezarlığı; 9. arabozan; 10. ara konakçı; 11. aralık; 12. arama; 13. arama motoru; 14. araba; 15- Arap rakamları

Alıştırma 57

konkre	Fr. concret	somut
konsantrasyon	Fr. concentration	derişim/dikkat toplaşımı
konsantre	Fr. concentré	derişik
konsensüs	Fr. consensus	uzlaşma
konsonant	Alm. der Konsonant	ünsüz
konstrüksiyon	Fr. construction	yapı/yapım
kontraksiyon	Fr. contraction	büzüşme
kontrat	Fr. contrat	sözleşme

kontratak	Fr. contre-attaque	karşı akın
kontrolör	Fr. contrôleur	denetçi
konveks	Fr. convexe	dışbükey
koordinasyon	Fr. coordination	eş güdüm
koordinatör	Fr. coordinateur	eş güdümcü
koordine	Fr. coordonné	eş güdümlü
korner	İng. corner	köşe atışı
kozmonot	Alm. der Kosmonaut	uzay adamı
kozmos	Fr. cosmos	evren
kramp	Fr. crampe	kasınç
krater	Fr. cratère	yanardağ ağzı
kreasyon	Fr. création	yaratım

Alıştırma 58

pireyi deve yapmak	aus einer Mücke einen Elefanten machen
hatasız kul olmaz	niemand ist vollkommen
havanın gözü yaşlı	es sieht nach Regen aus
haydan gelen huya gider	wie gewonnen, so zerronnen
ağzına geleni söylemek	kein Blatt vor den Mund nehmen
ağzından baklayı çıkarmamak	mit etwas hinterm Busch halten
birinin ağzını burnunu dağıtmak	jemandem die Fresse polieren
ağızlara sakız oldu	sein Name war in aller Munde
halkın ağzına düşmek	in aller Munde sein
bugünkü tavuk yarınki kazdan	besser ein Spatz in der Hand

iyidir	als eine Taube auf dem Dach
pirincin taşını ayıklamak zorunda kalmak	die Suppe auslöffeln müssen
bir el bir eli yıkar, iki el bir yüzü yıkar	eine Hand wäscht die andere
demir tavında dövülür	man muss das Eisen schmieden, solange es heiß ist
denizde kum onda para	er hat Geld wie Heu
bir taşla iki kuş vurmak	zwei Fliegen mit einer Klappe schlagen
bir elmanın yarısı o, yarısı bu	sich gleichen wie ein Ei dem anderen
zahmetsiz rahmet olmaz	ohne Fleiß kein Preis
akılsız başın cezasını ayak çeker	was man nicht im Kopf hat, das hat man in den Beinen/Füßen

Alıştırma 59

laktoz	Fr. lactose	süt şekeri
laptop	İng. laptop	dizüstü
leasing	İng. leasing	finansal kiralama
legal	Fr. légal	yasal
leksikograf	Fr. lexicographe	sözlük yazarı
lengüistik	Fr. linguistique	dil bilimi
lezbiyen	Fr. lesbienne	sevici
libero	İt. libero	son adam
lifting	İng. lifting	gerdirme
likit	Fr. liquide	sıvı/nakit
limit	Fr. limite	sınır
limited	İng. limited	sınırlı
link	İng. link	ilişim
literatür	Fr. littérature	edebiyat

logo	İng. logo	imlek
lojik	Fr. logique	mantık
lokavt	İng. lock-out	iş bıraktırımı
long-play	İng. long-play	uzunçalar
lösemi	Fr. lösemi	kan kanseri
maç	İng. match	karşılaşma

Alıştırma 60

1. antikacı
2. antipropaganda
3. antitez
4. antitoksin
5. antrepo
6. antrikot
7. antropolog
8. antrparantez
9. anüs
10. apandis
11. apartman
12. apart otel
13. apel
14. apış arası
15. apolet

Alıştırma 61

lokanta	İt. locanda	aşevi/restoran
maksimal	Fr. maximale	azami/en çok
maksimum	Fr. maximum	azami/en çok
makyaj	Fr. maquillage	yüz boyama

malarya	İt. malaria	sıtma
mall	İng. mall	alışveriş merkezi
management	İng. management	yönetim/yöneticilik
manivela	İt. manovella	kaldıraç
mantalite	Fr. mentalité	anlayış
manken	Fr. mannequin	model
manuel	Fr. manuel	el kitabı/elle işletilen
marina	İt. marina	yat limanı
kupür	Fr. coupure	kesik
kümülasyon	Fr. cumulation	kümelenme
manometre	Fr. manomètre	basıölçer
manyetik	Fr. magnetique	mıknatıslı
marj	Fr. marge	pay
market maker	İng. market maker	piyasa kurucu
marina	İt. marina	yat limanı
marşandiz	Fr. marchandise	yük treni

Alıştırma 62

1. arka; 2.arkadaş; 3. arkalık; 4. arka müziği; 5. arka teker; 6. arkaüstü; 7. arkeolog; 8. arkeoloji; 9. arkeolojik; 10. arktik; 11. armağan; 12. armatör; 13. arpacık; 14. bira

Alıştırma 63

arkalık	die Lehne
arka müziği	die Backgroundmusik
arpa	die Gerste
arpacık	der Gerstenkorn
arka kapı	die Hintertür
arsa	das Baugrundstück
arife	der Vorabend

arıza	die Störung
ara konakçı	der Zwischenwirt
araba mezarlığı	der Autofriedhof
abse	der Abzess
antikacı	der Antiquitätenhändler
antipati	die Abneigung
apandisit	die Blinddarmentzündung
apartman	das Mehrfamilienhaus
anons	die Ansage/Durchsage
anlatı	die Erzählung
anket	die Umfrage
ameliyat	die Operation
alacak	die Forderung
ağırlık	das Gewicht/die Last
ağır suç	das Kapitalverbrechen
ağır sanayi	die Schwerindustrie

Alıştırma 64

markaj	Fr. marguage	tutma
marke	Fr. marqué	işaretlenmiş/belirtilmiş
marketing	İng. marketing	pazarlama
meteorit	Fr. météorite	gök taşı
marşandiz	Fr. marchandise	yük treni
palavra	İsp. palabra	martaval/uydurma söz
maskot	Fr. mascotte	uğurluk
maskulen	Fr. masculin	erkeksi
master	İng. master	yüksek lisans
matador	Fr. matador	boğa güreşçisi
materyal	Fr. matériel	gereç
materyalist	Fr. matérialiste	maddeci
materyalizm	Fr. matérialisme	maddecilik

matine	Fr. matinée	gündüz gösterimi
matriarkal	Fr. matriarcal	anaerkil
mazoşist	Fr. masochiste	özezer
mazoşizm	Fr. masochisme	özezerlik
meditasyon	Fr. méditation	dalınç
medya	İng. media	iletişim ortamı/araçları
megalomani	Fr. mégalomanie	büyüklük hastalığı

Alıştırma 65

megapol	İng. megapolis	büyükşehir
megastar	İng. megastar	başyıldız
megastore	İng. megastore	büyük mağaza
mekanizma	İt. meccanismo	düzenek
melodi	Fr. mélodie	ezgi
melodik	Fr. mélodique	ezgili
menajer	Fr. manager	yönetici
menecer	İng. manager	yönetici
menapoz	Fr. ménopause	yaş dönümü
mentor	İng. mentor	yönder
menü	Fr. menu	yemek listesi
meridyen	Fr. méridien	boylam
mesaj	Fr. message	ileti
metafizik	Fr. métaphysique	doğa ötesi
meteoroloji	Fr. météorologie	hava bilgisi
metodik	Fr. méthodique	yöntemli
metalürji	Fr. métallurgie	metal bilimi
metot	Fr. méthode	yöntem
metamorfoz	Fr. métamorphose	başkalaşma
metropol	Fr. métropole	anakent

Alıştırma 66

Ölen bir kişinin akrabasını gördüğünüzde	Başınız sağ olsun!
Sabahleyin kalktığınızda eşinize	Günaydın, canım.
Yeni tanıştığınız bir kimseye	Memnun oldum.
Telefon konuşmasına başlarken	Alo!
Hastalanan veya kaza geçiren kimseye	Geçmiş olsun!
Hoş geldiniz'e cevap olarak	Hoş bulduk!
Bir kimseden ayrılırken	Hoşça kalın! veya Görüşmek üzere!
Bir yıldönümünün defalarca tekrarlanmasını dilemek için	Allah nice nice yıllara eriştirsin!
Arkadaşınız hapşırdığında	Çok yaşa!
Bir köpeği kovmak için	Hoşt!
Tatile gidenleri uğurlamak için	İyi tatiller!
Yaşanılan yıl bitip yeni yıla girildiğinde	Yeni Yılınız kutlu olsun!
Akşamleyin uğurlamak için	İyi akşamlar!
Uyumak için ayrılan bir kimseye	Allah rahatlık versin!
Yemek yiyen bir kimseye	Afiyet olsun!
Teşekkür ederim'e cevap olarak	Birşey değil! veya Rica ederim!
Bir kediyi çağırmak için	Pisi pisi!
Sevinçli bir olaydan dolayı bir kimseyi kutlamak için	Gözün aydın!

Alıştırma 67

meteorolog	Fr. météorologue	hava tahmincisi
metodoloji	Fr. méthodologie	yöntem bilimi
midi	Fr. midi	orta

migren	Fr. migraine	yarım baş ağrısı
mikser	İng. mixer	çırpıcı/karmaç
milenyum	İng. millenium	binyıl
minerolog	Fr. minérologue	mineral bilimci
mineroloji	Fr. minérologie	mineral bilimi
mistik	Fr. mistique	gizemci/gizemsel
misyon	Fr. mission	görev/amaç
mobilize	Fr. mobilisé	hareketli
modern	Fr. modern	çağdaş/çağcıl
monarşi	Fr. monarchie	tek erklik
monoblok	Fr. monobloc	tekgövde
monogam	Fr. monogame	tek eşli
monogami	Fr. monogamie	tek eşlilik
monopol	Fr. monopole	tekel
monoton	Fr. monotone	tekdüze
motivasyon	Fr. motivation	isteklendirme/güdüleme
motive	Fr. motivé	isteklendirilmiş/güdülenmiş

Alıştırma 68

multimedya	İng. multimedia	çoklu ortam
narsist	Fr. narcissist	özsever
nasyonalizm	Fr. nationalisme	milliyetçilik
natür	Fr. nature	doğa
narkotik	Fr. narcotique	uyuşturucu
non-stop	İng. non-stop	duraksız
natürmort	Fr. nature morte	ölüdoğa
navigasyon	Fr. navigation	yönleme
navigatör	Fr. navigateur	yönleyici
nazal	Fr. nasal	genizsil
nebülöz	Fr. nébuleuse	bulutsu
negatif	Fr. négatif	olumsuz/eksi

numerik	Fr. numérique	sayısal
nüans	Fr. nuance	ayırtı/ince ayırım
nevropat	Fr. névropathe	sinir hastası
network	İng. network	bilgisayar ağı
new wave	İng. new wave	yeni dalga
nickname	İng. nickname	takma ad
obelisk	Fr. obélisque	dikili taş
obje	Fr. objet	nesne

Alıştırma 69

objektif	Fr. objectif	nesnel
observatuvar	Fr. observatoire	gözlemevi
oditoryum	Fr. auditorium	büyük konferans salonu
odyovizüel	Fr. audio-visuel	görsel-işitsel
ofans	İng. offence	atak
ofansif	İng. offensive	atağa dayalı
off-line	İng. off-line	çevrim dışı
off-road	İng. off-road	arazi
oksidasyon	Fr. oxydation	oksijenlenme
okside	Fr. oxydé	oksijenlenmiş
on-line	İng. on-line	çevrim içi
on-screen	İng. on-screen	ekranüstü
operasyon	Fr. opération	harekât/ameliyat
operatör	Fr. opérateur	cerrah/işletmen
oportünist	Fr. opportuniste	fırsatçı
oportünizm	Fr. opportunisme	fırsatçılık
opsiyonel	Fr. optionel	isteğe bağlı
optimist	Fr. optimiste	iyimser
optimizm	Fr. optimisme	iyimserlik
organizasyon	Fr. organisation	örgüt/düzenleme

Alıştırma 70

ağaçkakan	der Specht
güvercin	die Taube
serçe	der Spatz
karatavuk	die Amsel
kartal	der Adler
bıldırcın	die Wachtel
martı	die Möve
atmaca	der Sperber
akbaba	der Geier
leylek	der Storch
kuğu	der Schwan
ördek	die Ente
papağan	der Papagei
saksağan	die Elster
atmaca	der Sperber
doğan	der Falke
saka	der Stieglitz
baştankara	die Kohlmeise
muhabbet kuşu	der Wellensittich
bülbül	die Nachtigall
çalı kuşu	der Zaunkönig
çulluk	die Schnepfe
kaz	die Gans
keklik	das Rebhuhn

Alıştırma 71

organizatör	Fr. organisateur	düzenleyici

organize	Fr. organisé	örgütlü/düzenli/düzenleme
orijinal	Fr. original	özgün
otoban	Alm. die Autobahn	otoyol
otobiyografi	Fr. autobiographie	öz yaşam öyküsü
otobiyografik	Fr. autobiographique	öz yaşam öyküsüne dayalı
otodidakt	Fr. autodidacte	öz öğrenimli
otokontrol	Fr. autocontrôle	öz denetim
otokritik	Fr. autocritique	öz eleştiri
otomatik	Fr. automatique	özişler
otomasyon	Fr. automation	özişlerlik
otonom	Fr. autonome	özerk
otonomi	Fr. autonomie	özerklik
otorizasyon	Fr. autorisation	yetkilendirim
pakt	Fr. pacte	antlaşma
pandül	Fr. pendule	sarkaç
panel	Fr. panel	açık oturum
panorama	Fr. panorama	genel görünüm
panoramik	Fr. panoramique	genel görünümlü
paralel	Fr. parallèlle	koşut

Alıştırma 72

öz belirtim	die Selbstbestimmung
öz beslenme	die Autotrophie
öz denetim	die Selbstkontrolle
öz eleştiri	die Selbstkritik
öz bağışıklık	die Abwehrkräfte
özel hayat	das Privatleben
özel ad	der Eigenname
özel baskı	der Sonderdruck

özel çıkar	das Pivatinteresse/Eigeninteresse
özel mülkiyet	das Privateigentum
özel okul	die Privatschule
özel radyo	der Privatsender
özel yaşam alanı	die Privatsphäre
öz geçmiş	der Lebenslauf
öz güven	das Selbstvertrauen
öz kaynaklar	die Eigenmittel
öz öğrenim	das Selbststudium/der Selbstunterricht
öz saygı	die Selbstachtung
özsermaye	das Eigenkapital
özseverlik	die Eigenliebe/der Narzissmus
özveri	die Hingabe/die Aufopferung
öz yaşam öyküsü	die Autobiografie
öz yönetim	die Selbstverwaltung

Alıştırma 73

parazit	Fr. parasite	asalak
parazitoloji	Fr. parasitologie	asalak bilimi
paradoks	Fr. paradoxe	aykırı düşünce
partikül	Fr. particule	parçacık
partner	İng. partner	eş/ortak
parttaym	İng. part-time	yarım gün
part-time	İng. part-time	yarım gün
pasör	Fr. passeur	pasçı
patchwork	İng. patchwork	kırkyama
patent	Fr. patent	buluş belgesi
patetik	Fr. pathétique	dokunaklı/etkili

patriarkal	Fr. patriarcal	ataerkil
pedagog	Fr. pédagogue	eğitimci
pedagoji	Fr. pédagogie	eğitim bilimi
pedagojik	Fr. pédagogique	eğitimsel
penaltı	İng. penalty	ceza atışı
perfeksiyonist	Fr. perfectioniste	mükemmeliyetçi/yetkinci
performans	Fr. performance	başarım
periyodik	Fr. périodique	süreli
perspektif	Fr. perspective	bakış açısı/görünge

Alıştırma 74

1.	Arzu'nun yüzü bembeyaz oldu.
Alm.	Arzus Gesicht wurde kreidebleich.
2.	Umut hemen kadının imdadına yetişti.
Alm.	Umut eilte umgehend der Frau zur Hilfe.
3.	Günler çok çabuk geçti.
Alm.	Die Tage vergingen sehr schnell.
4.	Umut bir karara vardı.
Alm.	Umut traf eine Entscheidung.
5.	Arzu çok heyecanlıydı.
Alm.	Arzu war sehr aufgeregt.
6.	Babasının çok hasta olduğu haberini almıştı.
Alm.	Er hatte die Nachricht bekommen, dass sein Vater sehr krank ist.
7.	Babası felç geçirmişti.
Alm.	Sein Vater hatte einen Schlaganfall erlitten.
8.	Ölüm döşeğinde yatan babasının bu isteğini geri çeviremedi.
Alm.	Er konnte diesen Wunsch seines Vaters, der im Sterben lag, nicht ausschlagen.

9.	Nergis hayat hikâyesini Umut'a anlatmaya başladı.
Alm.	Nergis begann, Umut ihre Lebensgeschichte zu erzählen.
10.	Nergis onu hiç beğenmemişti.
Alm.	Nergis hatte ihn überhaupt nicht gemocht.

Alıştırma 75

pipe-line	İng. pipe-line	boru hattı
peruk	Fr. perruque	takma saç
peruka	İt. parrucca	takma saç
pesimist	Fr. pesimiste	kötümser
plaj	Fr. plage	kumsal
pesimizm	Fr. pesimisme	kötümserlik
planet	Fr. planète	gezegen
planetaryum	Fr. planétarium	gökevi
pinpon	İng. ping-pong	masa tenisi
plasman	Fr. placement	yatırım
payplayn	İng. pipe-line	boru hattı
playmaker	İng. playmaker	oyun kurucu
play-off	İng. play-off	üst küme
plaza	İsp. plaza	iş merkezi
polemik	Fr. polémique	söz dalaşı/kalem kavgası
plonjon	Fr. plongeon	dalış
plüralist	Fr. pluraliste	çoğulcu/çokçu
poligon	Fr. polygone	atış yeri/çokgen
popülarite	Fr. popularité	tutulma
polarizasyon	Fr. polarisation	kutuplanma/polarma

Alıştırma 76

pozisyon	Fr. position	konum/durum
pozitif	Fr. positif	olumlu/artı
polen	Fr. pollen	çiçek tozu
popülasyon	Fr. population	nüfus
pratisyen	Fr. praticien	düz hekim
popülist	Fr. populiste	halk yardakçısı
prensip	Fr. principe	ilke
pres	Fr. presse	baskı
prestij	Fr. prestige	saygınlık
prezantasyon	Fr. présentation	tanıtma/sunum
prime time	İng. prime time	altın saatler
primitif	Fr. primitif	ilkel
popülizm	Fr. populisme	halk yardakçılığı
printer	İng. printer	yazıcı
poşet	Fr. pochette	torba
problem	Fr. problém	sorun
problematik	Fr. problématique	sorunsal
prodüksiyon	Fr. production	yapım/üretim
prodüktivite	Fr. productivité	üretkenlik
prodüktör	Fr. producteur	yapımcı/üretici

Alıştırma 77

profil	Fr. profil	yanay/yandan görünüş
projeksiyon	Fr. projection	iz düşümü
projektör	Fr. projecteur	yansıtım aygıtı
promosyon	Fr. promotion	özendirme
prosedür	Fr. procédure	işlem/yöntem
proses	İng. process	süreç
prospektüs	Fr. prospectus	tanıtmalık
protez	Fr. prothése	takma
provokasyon	Fr. provocation	kışkırtma
provokatör	İt. provocateur	kışkırtmacı
prömiyer	Fr. première	ilk gösteri

psikolog	Fr. psychologue	ruh bilimci
psikoloji	İng. psychologie	ruh bilimi
psikolojik	Fr. psychologique	ruh bilimsel
pusula	İt. bussola	yön belirteci
puzzle	İng. puzzle	yapboz
radyoaktif	Fr. radioaktif	ışınetkin
rasist	Fr. raciste	ırkçı
rating	İng. rating	değerlendirme
reaksiyon	Fr. réaction	tepki/tepkime

Alıştırma 78

1.	Arzu pencereden bakarken Umut'un geldiğini görmüştü.
Alm.	Als Arzu aus dem Fenster schaute, sah sie, dass Umut gekommen sei.
2.	Hemen koridora çıktı ve onunla karşılaştı.
Alm.	Sie ging sofort in den Flur und begegnete ihn.
3.	Birbirlerine hal ve hatır sordular.
Alm.	Sie fragten sich gegenseitig nach dem Befinden.
4.	Bir kızı vardı; fakat bunu Nergis'e nasıl söyleyecekti?
Alm.	Er hatte eine Tochter, aber wie sollte er das Nergis sagen?
5.	Onu çok sevdiği için onu üzmekten çok korkuyordu.
Alm.	Er hatte Angst, sie zu verletzen, weil er sie so sehr liebte.
6.	Umut'un gelmesini dört gözle bekleyen Nergis, üzgündü.
Alm.	Nergis, die sehnsüchtig auf die Rückkehr Umuts wartete, war traurig.
7.	Umut'un kendisinden uzaklaştığını hissediyordu.
Alm.	Sie spürte, wie Umut sich von ihr distanzierte.

8.	Umut onun ilk aşkı idi.
Alm.	Umut war ihre erste Liebe.
9.	Arzu çok gururlu idi.
Alm.	Arzu war sehr stolz.
10.	Umut onun aşkına ihanet etmişti.
Alm.	Umut hatte ihre Liebe verraten.

Alıştırma 79

realite	Fr. réalité	gerçeklik
reel	Fr. réel	gerçek
referandum	Fr. référendum	halk oylaması
referans	Fr. référence	tavsiye (mektubu)
refleks	Fr. réflexe	tepke
realist	Fr. réaliste	gerçekçi
refüj	Fr. refuge	orta kaldırım
rezervasyon	Fr. réservation	ayırtma
roaming	İng. roaming	dolaşım ortaklığı
rotasyon	Fr. rotation	yer değiştirme
rötar	Fr. retard	gecikme
rejisör	Fr. régisseur	yönetmen
rekonstruksiyon	Fr. reconstruction	yeniden kurma
remiks	İng. remix	bindirim
reorganizasyon	Fr. réorganisation	yeniden örgütlenme
repertuvar	Fr. répertoire	birikim/dağarcık
reprodüksiyon	Fr. reproduction	yeniden yapım
resepsiyon	Fr. réception	kabul yeri/töreni
reseptör	Fr. récepteur	almaç
resesif	Fr. récessif	çekinik

Alıştırma 80

sabotaj	Fr. sabotage	baltalama
sadist	Fr. sadique	elezer
sadizm	Fr. sadisme	elezerlik
salamanje	Fr. salle à manger	yemek odası
salvo	İt. salvo	yaylım ateş
sanitasyon	Fr. sanitation	sağlıklama
sansür	Fr. censure	sıkı denetim
santra	Fr. centre	orta yuvarlak
santrfor	İng. centre-forward	orta uç oyuncusu
santrifüj	Fr. centrifuge	merkezkaç
satir	Fr. satire	yergi
science-fiction	İng. science-fiction	bilim kurgu
scoreboard	İng. scoreboard	sayı göstergesi
seans	Fr. séance	oturum/gösterim
seksiyon	Fr. section	bölüm
seksüel	Fr. sexuel	cinsel
sekunder	Alm. sekundär	ikincil
seleksiyon	Fr. sélection	seçme/ayıklanma
self-servis	İng. self-service	seçal
sembol	Fr. symbole	simge

Alıştırma 81

sembolik	Fr. symbolique	simgesel
sembolist	Fr. symboliste	simgeci
sembolizm	Fr. symbolisme	simgecilik
sempati	Fr. sympathie	sıcakkanlılık
sempatik	Fr. sympathique	sıcakkanlı
sempatizan	Fr. sympathisant	duygudaş
sempozyum	Fr. symposium	bilgi şöleni

semptom	Fr. symptôme	belirti
senkron	Fr. synchrone	eş zaman
senkroni	Fr. synchronie	eş zamanlılık
senkronik	Fr. synchronique	eş zamanlı
senkronizasyon	Fr. synchronisation	eşleme
sensör	İng. sensor	duyarga
sentaks	Fr. syntaxe	söz dizimi
sentaktik	Fr. syntactique	söz dizimsel
sentetik	Fr. synthétique	yapay/bileşimli
septik	Fr. sceptique	kuşkucu
seremoni	Fr. cérémonie	tören
sertifikasyon	Fr. certification	onaylama
server	İng. server	sunucu

Alıştırma 82

sezon	Fr. saison	mevsim
shower screen	İng. shower screen	duş kabini
sibernetik	Fr. cybernétique	güdüm bilimi
siesta	İsp. siesta	öğle uykusu
sifilis	Fr. syphilis	frengi
silüet	Fr. silhouette	karaltı/gölge
simetri	Fr. symétrie	bakışım
simetrik	Fr. symétrique	bakışımlı
simultane	Fr. simultané	anında
simülasyon	Fr. simulation	benzetim/öğrence
simülatör	Fr. simulateur	öğrencelik
sinerji	Fr. synergie	artı güç/görevdaşlık
single	İng. single	tekli
sinonim	Fr. synonyme	eş anlamlı
sinyal	Fr. signal	çevir sesi
sirkülasyon	Fr. circulation	dolanım/dolaşım

sirküler	Fr. circulaire	genelge
sismolog	Fr. sismologue	deprem bilimci
sismoloji	Fr. sismologie	deprem bilimi
sitoloji	Fr. cytologie	hücre bilimi

Alıştırma 83

balık baştan kokar	der Fisch stinkt vom Kopf her
Aşkın gözü kördür	Liebe macht blind
Gülü seven dikenine katlanır.	Wer die Rose liebt, erträgt auch ihren Dorn.
vakit nakittir	Zeit ist Geld
ne ekersen onu biçersin	was du säst, wirst du ernten
son gülen iyi güler	wer zuletzt lacht, lacht am besten
havlayan köpek ısırmaz	bellende Hunde beißen nicht
sabır acıdır meyvesi tatlıdır	Geduld ist bitter, aber sie trägt süße Früchte
akmasa da damlar	Kleinvieh macht auch Mist
dikensiz gül olmaz	keine Rose ohne Dornen
acele işe şeytan karışır	Eile mit Weile
Akşam olmadan gün övünmez	Man soll den Tag nicht vor den Abend loben
Sabrın sonu selamettir.	Mit Geduld und Spucke fängt man eine Mucke
Bunu Mısır'daki sağır sultan bile duydu.	Das pfeifen die Spatzen von den Dächern.
sırça köşkte oturan komşusuna taş atmamalı	wer im Glashaus sitzt, soll nicht mit Steinen werfen
suyu görmeden paçaları sıvamak	über ungelegte Eier gackern
su testisi su yolunda kırılır	der Krug geht solange zum Brunnen, bis er bricht

| Bugünün işini yarına bırakma! | Was du heute kannst besorgen, verschiebe nicht auf Morgen! |

Alıştırma 84

ski	İng. ski	kayak
skor	İng. score	sonuç/sayı
slayt	İng. slide	saydam
snack	İng. snack	atıştırmalık
snobizm	Fr. snobisme	züppelik
snop	Fr. snob	züppe
software	İng. software	yazılım
solaryum	Fr. solarium	güneşletici
solidarist	Fr. solidariste	dayanışmacı
solidarizm	Fr. solidarisme	dayanışmacılık
sorti	Fr. sortie	çıkış
sosyalist	Fr. socialiste	toplumcu
sosyalizasyon	Fr. socialisation	toplumsallaştırma
sosyalizm	Fr. socialisme	toplumculuk
sosyolog	Fr. sociologue	toplum bilimci
sosyoloji	Fr. sociologie	toplum bilimi
sömestir	Fr. semestre	yarıyıl
spektroskop	Fr. spectroscope	tayfölçer
spektrum	İng. spectrum	çeşitlilik
spekülasyon	Fr. spéculation	vurgunculuk

Alıştırma 85

1. alternatör/dinamo;
2. ateşleme;

3. ateşleme sırası;
4. ayarlama;
5. beygirgücü;
6. debriyaj;
7. diferansiyel;
8. dingil;
9. distribütör;
10. patinaj;
11. supap;
12. sürtünme;
13. vantilatör kayışı;
14. yağlama;
15. yüksek gerilim kablosu

Alıştırma 86

Yarın Jale **saat on birde** bana gelecek. İlkönce **ev ödevlerini** yapacağız. **Pazartesi yazılı sınav** var. **Yazılı sınav** için öğreneceğiz. Saat birde **öğle yemeği** var. Yemekten sonra ben **piyano**, Jale de **keman çalacak**. **Klasik müzik çalacağız**. Ondan sonra **coğrafya** öğreneceğiz. Avrupa **ülkelerinin başkentlerini ezbere** öğreneceğiz. Mesela **Macaristan**'ın **başkenti Budapeşte**. Bu kolay. Peki, **Avusturya'nın başkenti** ne? Veya Zagreb hangi **ülkenin başkenti**? **Hırvatistan**, galiba. **Tam emin değilim**. İşte, bunları öğrendikten sonra **sinemaya** gideceğiz.

Alıştırma 87

| spekülatif | Fr. spéculatif | vurguncu |
| spekülatör | Fr. spéculateur | vurguncu |

spesifik	Fr. spécifique	özgül
spesiyal	Fr. spécial	özel
spesiyalist	Fr. spécialiste	uzman
spesiyalite	Fr. spécialité	özellik
spiritüalizm	Fr. spiritualisme	tinselcilik
spiritüel	Fr. spirituel	tinsel
sponsor	İng. sponsor	destekleyici
spontane	Fr. spontané	anında yapılan/ kendiliğinden
spontaneizm	Fr. spontanéisme	kendiliğindenlik
spot	İng. spot	tanıtımcık/peşin/ışıntı
squash	İng. squash	duvar topu
stabil	Fr. stable	sağlam/dayanıklı/kararlı
stabilizasyon	Fr. stabilisation	istikrar
stabilizatör	Fr. stabilisateur	dengeleyici
stabilize	Fr. stabilisé	istikrarlı
stalagmit	Fr. stalagmit	dikit
stalaktit	Fr. stalactite	sarkıt
standart	Fr. standard	ölçünlü

Alıştırma 88

1. seçenek	die Alternative
2. uzman	der Spezialist/Fachmann
3. distribütör	der Verteiler
4. yüksek gerilim	die Hochspannung
5. ateşleme	die Zündung
6. sürtünme	die Reibung
7. dayanışma	die Solidarität
8. halk oylaması	das Referendum

9. dikkat toplaşımı	die Konzentration
10. su testisi	der Wasserkrug
11. varsayım	die Hypothese
12. malvarlığı	das Vermögen
13. bilezik	der Armreif
14. ruhsal gerilim	der Stress
15. tinsel	spirituell
16. hoşgörü	die Toleranz
17. kötücül yazılım	die Schadsoftware
18. dikdörtgen	das Rechteck
19. çalışma hayatı	das Arbeitsleben
20. bakanlık	das Ministerium
21. çalışma kampı	das Arbeitslager
22. piyasa ekonomisi	die Marktwirtschaft
23. pişmanlık	die Reue

Alıştırma 89

stant	İng. stand	sergilik
star	İng. star	yıldız
start	İng. start	çıkış/başlama
steril	Fr. stérile	arınık/kısır
sterilizasyon	Fr. stérilisation	arınıklık
stérilisé	Fr. stérilisé	arınık/kısırlaştırılmış
sticker	İng. sticker	çıkartma
stil	Fr. style	üslup/biçem
stilist	Fr. styliste	giyimçizer
stilistik	Fr. stylistique	anlatım bilimi
stok	İng. stock	yığılım/yığımlık
stopaj	Fr. stoppage	ön kesinti
strateji	Fr. stratégie	izlem

stratejik	Fr. stratégique	izlemsel
stratejist	Fr. stratégiste	izlemci
stratosfer	Fr. stratosphére	kat yuvarı
stres	İng. stress	ruhsal gerilim
stretching	İng. stretching	gergevşet
strüktür	Fr. structure	yapı
strüktüralist	Fr. structuraliste	yapısalcı

Alıştırma 90

strüktüralizm	Fr. structuralisme	yapısalcılık
strüktürel	Fr. structurel	yapısal
suare	Fr. soirée	gece gösterimi
subasman	Fr. soubassement	oturmalık
subjektif	Fr. subjectif	öznel
subjektivist	Fr. subjectiviste	öznelci
subjektivite	Fr. subjektivité	öznellik
subjektivizm	Fr. subjektivisme	öznelcilik
sübvanse	Fr. subvenir'den	para ile desteklenmiş
sübvansiyon	Fr. subvention	para ile destekleme
süje	Fr. sujet	konu/özne
sürnaturalist	Fr. surnaturaliste	doğaüstücü
sürnaturalizm	Fr. surnaturalisme	doğaüstücülük
sürpriz	Fr. surprise	şaşırtıcı
sürrealist	Fr. surréaliste	gerçeküstücü
sürrealizm	Fr. surréalisme	gerçeküstücülük
şarj	Fr. charge	yükleme
şnorkel	Alm. der Schnorchel	solukluk
şoför	Fr. chauffeur	sürücü
şov	İng. show	gösteri

Alıştırma 91

şovmen	İng. showman	gösteri adamı
şvester	Alm. die Schwester	hemşire
tabildot	Fr. table d'hôte	seçmesiz yemek
taç	İng. touch	yan
takigraf	Fr. tachygraphe	hızölçer
tandans	Fr. tendance	eğilim
tansiyometre	Fr. tensiomètre	gerilimölçer
tansiyometri	Fr. tensiomètrie	gerilim ölçümü
tekst	Fr. texte	metin
tekstil	Fr. textile	dokuma
telekinezi	Fr. télékinésie	uza devim
telekomünikasyon	Fr. télécommunication	uz iletişim
telepati	Fr. télépathie	uza duyum
tenis	İng. tennis	alan topu
teokrasi	Fr. théocratie	din erki
teolog	Fr. théologue	tanrı bilimci
teoloji	Fr. théologie	tanrı bilimi
teori	Fr. théorie	kuram
teorik	Fr. théorique	kuramsal
teorisyen	Fr. théoricien	kuramcı

Alıştırma 92

1. mülkiyet	das Eigentum
2. yargıç	der Richter/die Richterin
3. savcılık	die Staatsanwaltschaft
4. dava	die Klage
5. davacı	der Kläger/Antragsteller
6. davalı	der Beklagte/Antragsgegner

7.	yargı gücü	die Judikative
8.	yasama gücü	die Legislative
9.	yürütme gücü	die Exekutive
10.	ticaret odası	die Handelskammer
11.	tutukluluk	die Untersuchungshaft
12.	hakem	der Schiedsrichter
13.	ispat yükü	die Beweislast
14.	delillerin toplanması	die Beweiserhebung
15.	sürücü belgesi	der Führerschein
16.	tazminat	der Schadenersatz
17.	manevi tazminat	das Schmerzensgeld
18.	babalık davası	die Vaterschaftsklage
19.	eşya hukuku	das Sachenrecht
20.	istinaf	die Berufung
21.	temyiz	die Revision
22.	miras hukuku	das Erbrecht
23.	pişmanlık	die Reue

Alıştırma 93

terapi	Fr. thérapie	tedavi
terapist	Fr. thérapist	tedavici
termik	Fr. thermique	ısıl
terminoloji	Fr. terminologie	terimler dizgesi
termometre	Fr. thermomètre	sıcaklıkölçer
termostat	Fr. thermostat	ısıdenetir
termoterapi	Fr. thermothérapie	ısı tedavisi
terör	Fr. terreur	yıldırı
terörist	Fr. terroriste	yıldırıcı
terörizm	Fr. terrorisme	yıldırıcılık
tersane	İt. tersana	gemilik
tersiyer	Fr. tertiaire	üçüncül

think-tank	İng. think-tank	beyin takımı
timing	İng. timing	zamanlama
tiner	İng. thinner	inceltici
tiraj	Fr. tirage	baskı sayısı
tire	Fr. tiret	kısa çizgi
titr	Fr. titre	san
tolerans	Fr. tolérence	hoşgörü
tolkşov	İng. talk show	söz gösterisi

Alıştırma 94

1. arz	das Angebot
2. açık liman	der Freihafen
3. talep	die Nachfrage
4. bütçe	der Haushalt
5. işletme	das Unternehmen
6. büyük işletme	das Großunternehmen
7. ambargo	das Embargo
8. kuruluş sermayesi	das Gründungskapital
9. ticaret sicili	das Handelsregister
10. abluka	die Blockade
11. varma limanı	der Bestimmungshafen
12. sipariş	die Bestellung
13. pazar payı	der Marktanteil
14. istihdam	die Beschäftigung
15. meslek eğitimi	die Berufsausbildung
16. alacak	die Forderung
17. alacaklı	der Gläubiger
18. dinlenme hakkı	der Erholungsanspruch
19. vergi beyannamesi	die Steuererklärung
20. yönetim kurulu	der Vorstand
21. şirket	die Gesellschaft

| 22. tam istihdam | die Vollbeschäftigung |
| 23. ambalaj | die Verpackung |

Alıştırma 95

tonmayster	Alm. der Tonmeister	ses yönetmeni
topless	İng. topless	üstsüz
total	Fr. total	bütünsel
trade center	İng. trade center	ticaret merkezi
tradisyon	Fr. tradition	gelenek
tradisyonel	Fr. traditionel	geleneksel
transfer	Fr. transfert	taşıma/aktarma/alma
trajedi	Fr. tragèdie	ağlatı
trafo	Alm. der Trafo	dönüştürücü
transformasyon	Fr. transformation	dönüşüm
transformatör	Fr. transformateur	dönüştürücü
transfüzyon	Fr. transfusion	kan aktarımı
transkripsiyon	Fr. transcription	çeviri yazı
transliterasyon	Fr. translitération	harf çevirisi
transparan	Fr. transparent	saydam
transplantasyon	Fr. transplantation	organ nakli
transporter	İng. transporter	yükçeker
travers	Fr. traverse	tabanlık
travma	Fr. trauma	sarsıntı
travmatoloji	Fr. traumatologie	sarsıntı bilimi

Alıştırma 96

| trekking | İng. trekking | doğa yürüyüşü |

trend	İng. trend	eğilim
tretuvar	Fr. trottoir	yaya kaldırımı
tribün	Fr. tribune	sekilik
triloji	Fr. trilogie	üçleme
trio	İt. trio	üçlü
tripleks	Fr. triplex	üç katlı
triportör	Fr. triporteur	üçteker
tubeless	İng. tubeless	içsiz
tüberküloz	Fr. tuberculose	verem
tümör	Fr. tumeur	ur
türbülans	Fr. turbulence	burgaç
ultrason	Fr. ultrason	yansılanım
ultraviyole	Fr. ultraviolet	mor ötesi
urbanizm	Fr. urbanisme	şehircilik
uskur	İng. screw	pervane
üniversal	Fr. universal	evrensel
ütopik	Fr. utopique	hayalî
valf	İng. valve	vana
valör	Fr. valeur	değer/geçerlik

Alıştırma 97

valüasyon	Fr. valuation	değerleme
vantrilok	Fr. ventrilogue	karnından konuşan
vejetaryen	Fr. végétarien	etyemez
vejetasyon	Fr. végétation	bitki örtüsü

velur	Fr. velours	kadife
vibrasyon	Fr. vibration	titreşim
viraj	Fr. virage	dönemeç
viyadük	Fr. viaduc	köprü yol
vizör	Fr. viseur	bakaç
vokabüler	Fr. vocabulaire	söz varlığı
vokal	Alm. der Vokal	ünlü
volkan	Fr. volcan	yanardağ
volontarizm	Fr. volontarisme	istenççilik
volüm	İng. volume	ses düzeyi/ses
web	İng. web	ağ
webmaster	İng. webmaster	ağ yöneticisi
workshop	İng. workshop	çalıştay
zoolog	Fr. zoologue	hayvan bilimci
zooloji	Fr. zoologie	hayvan bilimi
zum	İng. zoom	optik kaydırma

Alıştırma 98

	1	2	3	4	5	6	7	8	9	10	11	12	13	14	15
1	h	i	k	a	y	e		a	r	a	b	a	c	ı	
2	a	n		o			r			u					
3	n			k			k			l	a	m	a		
4	ı	s	ı		m	e	h	t	a	p		g			l
5	m			m	u			a		a		u	z	a	k
6			b	e	ş		b	e	k	a	r				o
7				t			i		e						l
8				r	a	p	o	r		t	e	r	a	z	i
9	g	e	n	e	l		n				t		t		k

Alıştırma 99

	1	2	3	4	5	6	7	8	9	10	11	12	13	14	15
1	a	n	t	i	p	a	t	i	k		a	n	t	r	e
2	r		e		a		r		a		n			e	
3	k	a	r	a	r		o	k	s	i	t			ç	
4	e		m		d		p				r	e	ç	e	l
5	o	t	o	m	o	b	i	l			e			t	
6	l		s		n		k	i	r		n	e	d	e	n
7	o	t		b		s		g			ö		u		
8	j			i		o			o		r	ö	t	a	r
9	i	m	i	t	a	s	y	o	n			n		l